女帝そして母、マリア・テレジア

ハプスブルク帝国の繁栄を築いたマリー・アントワネットの母の葛藤と政略

エリザベート・バダンテール
ダコスタ吉村花子［訳］

原書房

女帝そして母、マリア・テレジア

目次

はじめに　7

第一章　女帝そして母　11
マリア・テレジアは　14
どのような母親だったのか？　14
平凡な母のごとく　19
子を案ずる母　23
病気への恐怖と、子を亡くす苦しみ　24
鬱に苦しむ母　30

第二章　教育熱心な母　35
幼少期　39
アヨとアヤ　44
採用と義務　44
アヤとの親密な関係　46
母の指示　53
それぞれの子に応じた指示　58

第三章　子と母　63
マリアンナ——病弱な娘　67
ヨーゼフ——傲慢な男の子　73
マリーあるいはミミとクリスティーナ
——お気に入りの娘　80
エリーザベト
——天使？　悪魔？　制御不能な問題児　86
カール——威張り屋の秀才　90
アマーリア——反逆児　96
レオポルト——愛に飢えた男の子　104
ヨハンナ——賢く控えめな女の子　108
ヨーゼファ——政治の犠牲者　112
末の四人　118
カロリーナとアントーニア　119
フェルディナントとマクシミリアン　127
マリア・イザベラ——唯一無二の娘　133

第四章　女帝として母として
——一人の女性の葛藤

道に迷う女性　139
権力について　141
マリア・テレジアの干渉主義　143
結婚後の監視と諜報　147
女帝の義務の勝利　152
権威への抵抗　164
ヨーゼフ二世——積極的な反抗者　168
アマーリアとの確執　172
母の感情の勝利　177
181

エピローグ

193
女帝の最後の威光　195
兄弟の分裂　198
母としての責任　207

訳者あとがき　211

原注　iv
出典　xxxi
参考文献　xxxv

（　）は著者による注釈。〔　〕は訳者による注釈。

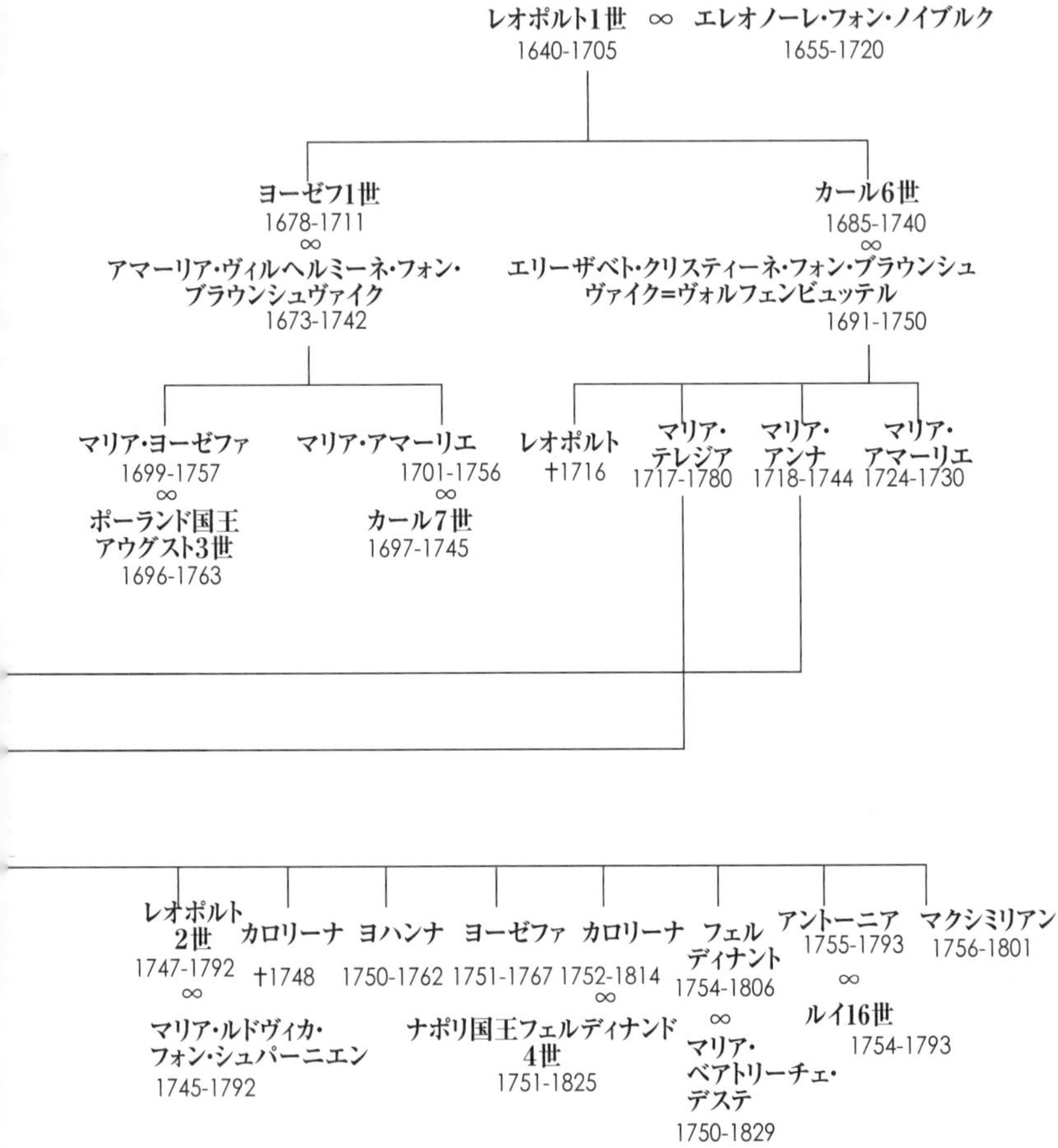
レオポルト1世 ∞ エレオノーレ・フォン・ノイブルク
1640-1705
1655-1720
ヨーゼフ1世
1678-1711
∞
アマーリア・ヴィルヘルミーネ・フォン・ブラウンシュヴァイク
1673-1742
カール6世
1685-1740
∞
エリーザベト・クリスティーネ・フォン・ブラウンシュヴァイク=ヴォルフェンビュッテル
1691-1750
マリア・ヨーゼファ
1699-1757
∞
ポーランド国王アウグスト3世
1696-1763
マリア・アマーリエ
1701-1756
∞
カール7世
1697-1745
レオポルト
+1716
マリア・テレジア
1717-1780
マリア・アンナ
1718-1744
マリア・アマーリエ
1724-1730
レオポルト2世
1747-1792
∞
マリア・ルドヴィカ・フォン・シュパーニエン
1745-1792
カロリーナ
+1748
ヨハンナ
1750-1762
ヨーゼファ
1751-1767
カロリーナ
1752-1814
∞
ナポリ国王フェルディナンド4世
1751-1825
フェルディナント
1754-1806
∞
マリア・ベアトリーチェ・デステ
1750-1829
アントーニア
1755-1793
∞
ルイ16世
1754-1793
マクシミリアン
1756-1801

ハプスブルク=ロートリンゲン〔ロレーヌ〕家

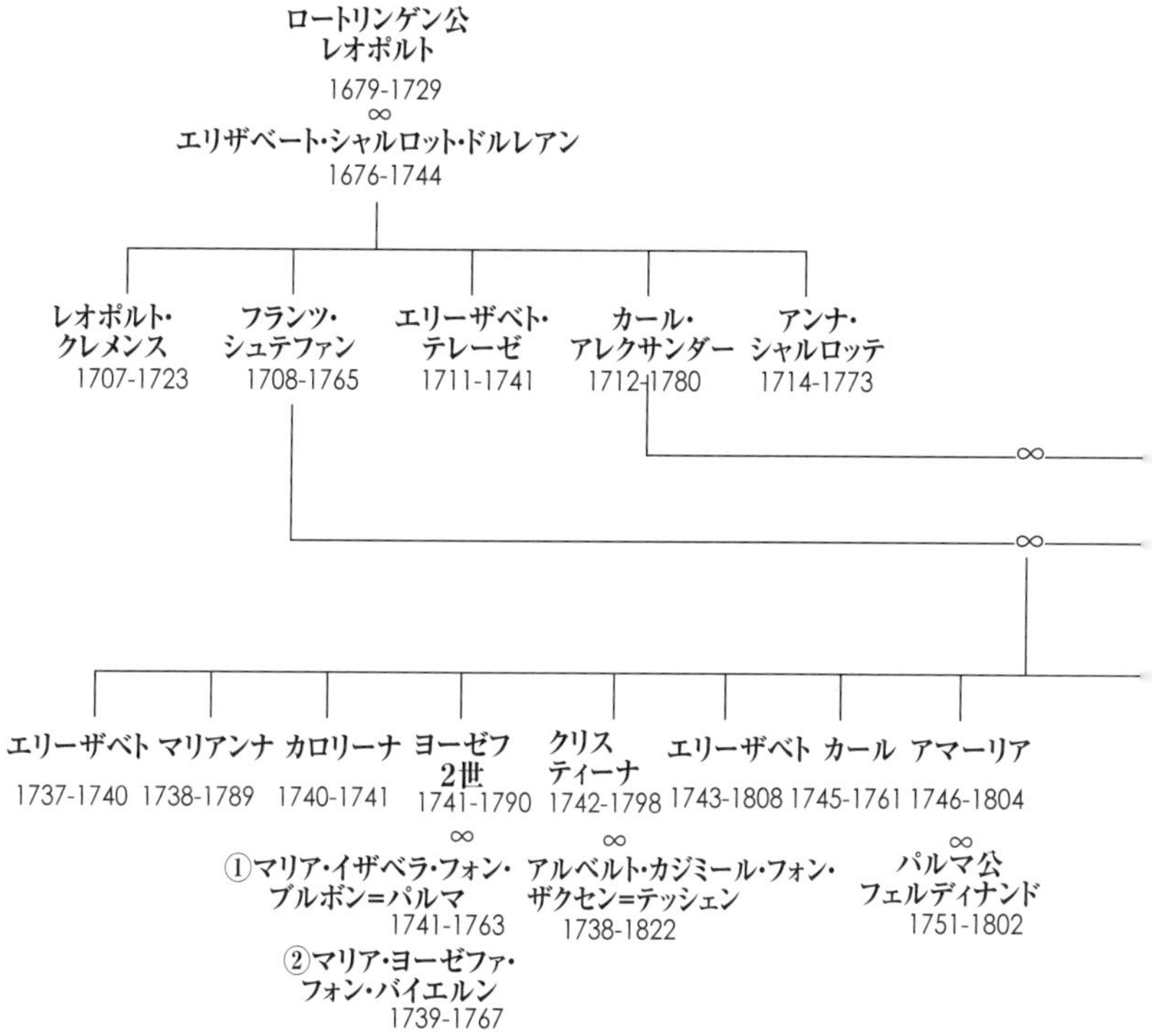
ロートリンゲン公
レオポルト
1679-1729
∞
エリザベート・シャルロット・ドルレアン
1676-1744
レオポルト・
クレメンス
1707-1723
フランツ・
シュテファン
1708-1765
エリーザベト・
テレーゼ
1711-1741
カール・
アレクサンダー
1712-1780
アンナ・
シャルロッテ
1714-1773
∞
∞
エリーザベト
1737-1740
マリアンナ
1738-1789
カロリーナ
1740-1741
ヨーゼフ
2世
1741-1790
∞
①マリア・イザベラ・フォン・
ブルボン=パルマ
1741-1763
②マリア・ヨーゼファ・
フォン・バイエルン
1739-1767
クリス
ティーナ
1742-1798
∞
アルベルト・カジミール・フォン・
ザクセン=テッシェン
1738-1822
エリーザベト
1743-1808
カール
1745-1761
アマーリア
1746-1804
∞
パルマ公
フェルディナンド
1751-1802

「私にとって子どもたちの教育はつねに重要で、この上なく大切なことでした」

マリア・テレジア（一七七四年四月）

はじめに

私は近年の著書で、一八世紀ヨーロッパで絶大な権力を振るった女帝マリア・テレジアを取り上げた[1]。彼女と関わった人は、男性であれ女性であれ、その魅力、優美さ、人を惹きつけて放さない力に感銘を受け、「彼女はすべての人の心をつかむ」と語った。その外交手腕と鋭い心理観察は各国大使の惜しみない賛辞の的となり、女帝の伝記を記したアルフレート・フォン・アルネートは、女帝の「高雅な穏やかさ」と鉄のような意思の堅さに言及している。私は前著で、主に比類なき女性権力者、妻としてのマリア・テレジアに光を当てたが、子だくさんだった彼女が母としての務めも果たしていたことは意外だった。そもそも当時の上流階級では、子どもに手をかけることなどめったになかった。彼女は、仕事と子育てをどのように両立していたのだろう。

マリア・テレジアがどのような母親だったのか、どのような子育てをしたのか、それぞれの子とどのように接したのか知りたい、と私は思った。刊行されている書簡集はもちろん、養育係たちからの内密の報告書、女帝と親しい人たちとの往復書簡など、未公開の文献なしには、母親としてのマリア・テレジアに迫ることはできなかっただろう。こうした新たな史料から浮かび上がってきたのは、それまでの女帝像とはあまりにかけ離れた人物だったため、私はもう一度彼女の肖像——母親の肖像——を描く必要性を感じた。だがそれはまだほんの素描に過ぎない。というのも、マリア・テレジアと成長した子たちとの関係について述べている文書はあっても、幼少期のそれぞれの子との関わりについてはほとんど触れられていないからである。当時の証言はわずかなので、わかっていることを手がかりに進むしかない。

二一世紀に生きる私たちにとっては意外なことに、マリア・テレジアが「愛情に満ちた母」であることは、当時広く知られていた。ただし、「愛情に満ちた母」の意味が現代とは違う点には要注意だ。当時この語は、子の言葉に耳を傾ける優しい母ではなく、子のことを案ずる母を指していた。聖アウグスティヌス〔西暦四・五世紀の神学者〕の神学における、原罪の重みに圧倒される不完全な存在というドラマティックな子どものイメージは何世紀にもわたって受け継がれ、一八世紀前半でもその影響はまだ色濃く残っていた。このちっぽけな人間は無知で気まぐれで、罪深い。そのため聖アウグスティヌス的理論は、子の希望とは真っ向から対立するような抑圧的な教育をよしとし、親たる者冷淡で厳しくあれと説いた。子どもらしい無邪気さが愛され、子どもが王のごとく扱われ、心優しい母親が尊ばれる現代とは正反対である。

マリア・テレジアはこうした教育理論を受け入れたわけではないが、知らないわけでもなかった。子育てに外交手法は通用しない。彼女は現代の私たちが重視する心理というものについて、正面から率直に語った。彼女が母親の歴史に記したブルジョワ的で、職業を持ち、子の人生と将来に責任を持つ母性という新たな像は、二〇世紀初頭まで消えることはなかった。こうした母性は子の死に涙し、子の病に気を揉み、子に関わるあらゆることに責任を感じ、子に降りかかる様々な困難を自分のせいだと考える現代的な母親像を予感させる。現代に至るまでの無数の母親同様、マリア・テレジアも不手際や間違いを犯し、時には不当でさえあった。見せかけの母ではなく、いわば真の母だったのだ。

第一章
女帝そして母

女帝マリア・テレジア[1]と当時の女性支配者や高位の貴婦人を比べると、母性の点で一見大した違いはない。女帝はよき母、よき国母であることを示そうと、子どもたちを従えて人々の前に姿を見せていた、と語られるのがせいぜいだ。現代の言葉で言えば、彼女には優れた政治的コミュニケーションセンスがあった。子どもたちは女帝のイメージ作りの一手段に過ぎなかったとする見方もある。

だが実際には一八世紀前半において、マリア・テレジアはごく特異な軌跡を残した。見せかけではなく真摯に子どもたちのために心を砕き、同時代の大多数の女性権力者たちにはほとんど見られなかった母としての振る舞いを示した。この時代、大帝国を統治し[2]、一日最高一五時間も執務し[3]、ほぼ七年にわたる戦争を二度も経験しながら〔オーストリア継承戦争と七年戦争〕、一九年間で一六人の子を産んだ女性など、彼女以外にいない。娘のうち三人は幼い頃に他界したが、女帝は一三人の子どもたちの教育に注意を怠らなかった。

マリア・テレジアは真の母親であり、子どもたちに配慮し、細心の注意を払って彼らに関する決定を下した。当時の作法に反して子どもたちのことを大いに話題にし、子育ての助言を仰ぎ、彼らが少しでも体調を崩そうものなら不安に駆られた。同時に彼女はハプスブルク帝国の絶対君主であり、その子たる者は、国をまとめて長きにわたって平和を確保する定めにあった。そのためには、自らに課された役割を果たすよう、彼らを教育せねばならない。いきおい、彼女は母としての感情と君主の義務との間で引き裂かれることになる。事実、この二つの立場は拮抗を繰り返していた。

マリア・テレジアはどのような母親だったのか？

全能の絶対君主という身分は、公の空間においても私的な空間においても、彼女に計り知れない権威を付した。女帝はあらゆることを決定し、自らが定めた法を施行する。母親としてのマリア・テレジアの手本が、実母エリーザベト・クリスティーネでなかったことは確かで、エリーザベトはほとんど不在で、幼少期を生き抜いた二人の娘にもさほど興味を示さなかった[4]。マリア・テレジアにとっての心の母は一貫して、養育係のシャルロッテ〔マリア・カロリーナ〕・フォン・フックス伯爵夫人で、「マミー」と呼ばれ、一七五四年四月に没するまで女帝との交流を続けた[5]。ただし女帝であり母でもあるマリア・テレジアはフックス夫人のように明るくも快活でもなかったし、夫人にも政治を司りながら一三人の子を育て上げるという責務はなかった。

妻が絶対的権力者の座に就くことで、伝統的な両親の役割は逆転した。彼女が熱愛した夫フランツ・シュテファン・フォン・ロートリンゲン[6]は、子どもたち、とりわけ娘たちの喜ぶ顔を見るのが好きな優しい父親で、軍人としてキャリアを積むことも、政治家として大成することもかなわずに、父としての思いやりと愛情を示した。これは当時としては稀なことだ。彼は温かく、遊び心を持った父で、大らかに愛情を表現し、厳格な教育とは無縁だった。彼が他界して数日後のこと、レオポルディーナ・フォン・カウニッツ伯爵夫人は妹エレオノーレ・フォン・リヒテンシュタインに宛ててこう書いている。「皇帝はむしろ私人として、ひどく惜しまれることでしょう。かように優れた導き手、よ(ヽ)き(ヽ)父(ヽ)、善良な方はおりませんでしたし、興味を持たれた相手とは真の友になり、誰に対しても思いやりがあったのですから」[7]

温かな父性は三人の義娘たち——ヨーゼフ二世の最初の妻マリア・イザベラ・フォン・ブルボン＝パルマ、三男レオポルトの妻でスペイン王女のマリア・ルドヴィカ、ヨーゼフの二番目の妻マリア・ヨーゼファ・フォン・バイエルン――にも向けられた。皇帝は輿入れ前のマリア・ルドヴィカの不安を和らげようと、幾たびか駐スペイン大使ローゼンベルクに宛ててこう書いている。

「王女は、私が心優しい父であるとおわかりになるはずです。（中略）私は王女のお気に召すような夫に〔息子を〕育てるつもりです。（中略）私が子ども好きであることはご存じでしょう。王女のことも我が子のように思っています」[8]。のちには「王女がどんな時でも安心して私を頼るよう、ぜひ働きかけていただきたい。どんなことでも王女の力になりたいと思います。（中略）義娘（マリア・イザベラ）も同じようにして、満足を得ました。彼女が私をうっとうしいなどと思わないよう願っています」と記している[9]。それでもまだ言い足りないかのように、「私のことを実の子たち以上に王女の身を案じる父であると考えるよう、そしていかなる場合でも、王女を助け、役に立つことが私の願いであると」[10]王女に言い聞かせてほしいと述べ、さらに「決して社交辞令などではなく、王女が家族に加わることがどんなにうれしいかを、しっかり伝えていただきたい。（中略）（肖像画からは）彼女がとても気立てがいいことが見てとれます。王女を抱擁し、親切にして差し上げるのが待ち遠しいです」[11]と綴った。

だが、フランツは自分が単なる社交辞令を言っているのではないことを証明できなかった。というのも、息子レオポルトの結婚からわずか二週間後に突然他界したのだ。それでももう一人の義娘マリア・ヨーゼファの言葉からは、彼が愛情に満ち、細やかな気配りを欠かさず、この上なく優しい義父であったことがうかがえる。不運なマリア・ヨーゼファは会う人をたじろがせるほど醜い容貌で、内気で、肉体的にも知的にも取り柄がなく、ウィーン到着早々孤立した。義姉妹からは嘲笑されて、夫からも軽蔑され、人目を避けて暮らした。親切な性格のマリア・テレジアでさえ、この新しい嫁を受け入れるのに相当な努力を強いられた。新婚早々、この結婚が失敗に終わるだろうことも、ヨーゼフが後妻に決して我慢できないであろうことも、容易に予想された。だがフランツは彼女のもとに足を運び、心からの愛情を示した。義父の死後、マリア・ヨーゼファは姉に宛てて、次のように書いている。「〔義父を〕亡くした痛みに打ちのめされています。（中略）あなたは私が皇后だとおっしゃって励ましてくださいますが、どうしてそれを喜ぶことができましょう。その代償はあまりに高く、義父を亡くすよりも、（ローマ）王妃〔ヨーゼフはローマ王でもあった〕としてこの世を去る方が何百倍もましです。義父は立派な方で、大変親切にしてくださり、私を義娘として、そして真の友人として遇してくださいました。こうした態度を決して崩さず、私も義父から寄せていただいた友情と同じくらいの愛情を抱いておりました。（中略）ご自身のお子さまたちと私を決して区別されませんでしたし、私も実の父同様にお慕いし、尊敬申し上げておりました」[12]

従来の基準からすれば、マリア・テレジア夫妻の両親としての役割は逆転していたが、二人とも優しい親で、子どもたちと多くの時間を過ごした。男の子も女の子も六、七歳になると子ども部屋を後にして、巡礼行、教会行事、地方への遠出、スペクタクルなど様々な場に両親と同席した。皇帝が「子どもたちを連れて、子ども向けの無言劇を観に行く」一方[13]、女帝は長男が六歳になると、さっそく家庭教師探しを始めた。夫に協力を仰ぎつつも、最終的に教育係や養育係を選び、指示を出すのは女帝だった[14]。彼女は夫を熱愛しており、うっかり身分の違いを口にして機嫌を損ねることを恐れていたので、夫婦平等を示そうと必死だった。しかし共同統治者である夫との対等な関係は事実というよりあくまで形式であり、そうした見せかけを信じる者などいなかった。

フランツの役回りは優しい父親。マリア・テレジアは権威と厳格を体現していた。それでも、彼女と子どもたちの距離が、「ブルジョワ的」とさえ言える近さだったことは否めない。彼女の手紙の末尾に綴られた「部屋には皇帝と六人の子どもたちがいて、四回に分けて手紙を書かねばなりませんでした。この手紙からもそのことがおわかりになるでしょう」[15]との一文からは、そうした近さがうかがえる。

平凡な母のごとく

すべての母と同じく、マリア・テレジアも自分の長所や短所と折り合いをつけながら子育てをした。彼女は父からある重大な気質を受け継いでいた[16]。彼女に最も近かった二人の友人――マヌエル・ダ・シルヴァ＝タルーカと義娘マリア・イザベラ――が書き記したマリア・テレジアの横顔をヒントに、その母親像をたどってみよう。

彼女はほかの女性たちよりもはるかに子どもの身を案じ、進んで近くに置いていたため、同時代人たちからはしばしば「優しい母」と呼ばれた。だが当時の「優しさ」は、現代の私たちが想像する優しさとは異なる[17]。「優しさ」とはむしろ、教育の上では一種の不適切な弱さと考えられていた。ましてや相手は、最高位に上ることを定められた帝室の子どもたちである。一八世紀前半においてもまだ、子どもたちは矯正すべき存在、生まれながらの罪人と考えられており、これを罰するのが両親たる者の務めとされていたのだ。

女帝と親しいタルーカやより現代的なマリア・イザベラは、こうした「よき母親」像に共感しなかった。確かにマリア・テレジアは「優れて、温かく、情け深い心の持ち主」[18]だが、二人の目にはあまりに「厳格な母」と映った。二人の女帝に向ける批判は同じだ。あまりに一徹で、あまりによそよそしく、あまりに猜疑心が強い、と。「子どもたちについては、女帝は彼らを愛していらっしゃいますが、ずいぶんと厳しく誤った方針をお持ちです。女帝の前ではたえず子どもたちに味方したり、許したりして、（中略）女帝が温かみを示すよう、仕向けねばなりません」。女帝は反抗されるのに我慢できず、「とても辛辣で、最初のうちはしばしば激しい態度を示されます。そうしたときにこそ、女帝が口を開かれるように持っていかねばなりません。そうすれば気が収まり（中略）、すぐに思い直されます」[19]との指摘や、「女帝の子どもたちの愛し方には、一種の警戒心と明らかな冷淡さが入り交じっています」[20]という証言も残っている。

こうしたマリア・イザベラの指摘にはタルーカも全面的に同感で、女帝を前にしても隠し立てしなかった。当時一二、三歳になるヨーゼフの性格や振る舞いが嫉妬深く尊大で、考えが足りないと不満を述べる女帝に対し、タルーカはアーレンベルク公爵夫人とヨーゼフと同年代の公爵子息の例を引き合いに出した。女帝と同じような不満を抱える公爵夫人から助言を求められたタルーカは、「夫人がご子息を（中略）辛抱強く教育するのではなく、辛辣に、厳しく、しつこいまでに矯正していること」を指摘し、「ご子息は冷淡でよそよそしい性質ですが、公爵夫人に意気をくじかれ、嫌悪にも似た一種の恐れを抱いているのです」[21]と説明した。

公爵夫人はタルーカの指摘に気を悪くしたが、助言は功を奏した。母が態度を軟化すると、息子との距離が縮まったのだ。この手紙の余白には、マリア・テレジアの筆跡でこう書かれている。「貴公はご親切にも率直に、母から冷淡の烙印を押され、あまりにも厳しく矯正された一三歳のご子息の心の広さや気持ちを教えてくださいました。私はまさに自分を見るような気がしますし、怒るどころか感謝しております。どうか、私も同じようにうまくいきますように。おかげで、当面は多少元気が出ました」

一年後、タルーカは「愛するご子息は立派になられました。私は尊敬すべき、しかし時に警戒心の強い母君と共に心なぐさめられ、うれしい思いがします。（中略）ヨーゼフ大公はかつてないほど、陛下に強い愛情を抱いているとお見受けします」と書き、マリア・テレジアは「私もそのことに気が付き、涙しました」と返信した[22]。

同時代の女性としてはごく稀なことに、マリア・テレジアは母としての不安にさいなまれ、「私はいい母親なのだろうか」という疑問に取りつかれていた。嫁マリア・イザベラは、「女帝はどなたかとお知り合いになると（中略）、進んでお子さまのことを話題にし（中略）、助言をお求めになる（中略）。聞かれた方がうっかりと口にした言葉で、女帝は今まで思いもよらなかったような考えをお持ちになることがある。たとえどんなにあり得ないことでも（中略）、そうしたこともありうるとお考えになる（中略）。女帝はご自分が誤っていると信じておいでなのだ」と記した[23]。母としての力量に自信がないマリア・テレジアは、自分には教育に関する経験も才能も足りないと思い込んでいた。「こうした教え手たちは怪しげだ。女帝は、誠実な人はほんのわずかしかおらず、真摯な人はごく稀だということを忘れていらっしゃる。そのために間違いを犯し、たびたび決断しかね、意見を聞かれた者たちは──たいていが恥知らずだ──偽りの献身を示してつけ込む」[24]。マリア・イザベラがこう記した一〇年前、親友タルーカも、途方に暮れ、しくじりはしないだろうかと不安に悩む母親像を描いている。未来の皇帝ヨーゼフのことは特に気がかりだった。彼女は息子を心から愛していたが、罰を受けても平然としているこの「軽はずみで、移り気で、怠慢で、無感動な」子をどうしたら変えられるものかと、困り果てていた。彼女は自分の中の相反する感情に「引き裂かれ」、「押しつぶされそう」になり、またしてもタルーカに助けを求めた。[25] タルーカは何とか彼女をなだめて、優しく忍耐強くあれと励まし、様々な者たちの矛盾する助言には心して振り回されないよう、そして一貫した教育方針を崩さないよう助言した。

マリア・テレジアは時には厳格すぎたかもしれないが、うわべだけの母親などではなかった。女帝はよく、宮廷人が足しげく通う宴に子どもたちを連れて姿を見せていたが[26]、シェーンブルン宮殿の庭園で一人でいるときも、子どもたちを近くに置いておきたがった。[27] タルーカも記しているように、「彼女は母として、すべての子に愛情を注いでいた」のだ。[28]

子を案ずる母

実際の母性愛とその強さを推し量ることは難しい。出生率も死亡率も高かった時代は特にそうだ。だが子を失うことへの不安や亡くす悲しみは、重要な手がかりになる。ずっと後になって、娘たちが外国の君主と結婚し、国を発つことになると（おそらくもう二度と会うことはないだろう）、マリア・テレジアは忠実なローゼンベルクに、「私は我が子たちを愛しておりますが、手放せばならぬときになって初めてそのことを痛感します」と心情を吐露している[29]。

病気への恐怖と、子を亡くす苦しみ

同時代人の例に漏れず、マリア・テレジアも数人の子を亡くした。第一子エリーザベトは三歳半になるかならないかで、カロリーナは一歳で、もう一人のカロリーナは生まれた直後と、三人の娘を失ったばかりか、ほぼ成人した別の三人の子も他界した。次男カール[30]は一六歳直前、ヨハンナ[31]は一二歳半、ヨーゼファ[32]は一六歳半でナポリ国王フェルディナンドとの結婚を目前に他界した。カールは壊血病、娘二人は天然痘だった。当時の人々は天然痘に戦慄したが、マリア・テレジアの恐怖心は桁外れで、実際七人の子が罹患し、ヨーゼフの二人の妻も天然痘に命を奪われた[33]。当時の医学は、重病を前にしてほとんど無力で、医師たちはなすすべもなかった。

子どもが病気になるたびに、マリア・テレジアは「恐怖」におののいた。

彼女はアヨ〔男性の教育係〕やアヤ〔女性の養育係〕[34]に宛てた指示の中で、「〔子どもたちの〕具合が悪いとか事故が起こったら、それがどんなに軽くとも、直ちに定期的に報告すること」と命じ、「この命令の厳守は重要であり、子どもたちの健康状態に関することなら、いかに些細な変化や事故でも、気が付いた時点ですぐに、悪い報せでもしり込みすることなく、昼夜構わず直接知らせてほしい」と書いている[35]。

　悪い報せはいくつも届いた。彼女の告白や数人のアヤに宛てた手紙からは、子どもたちが重病に陥ったときの母の不安がうかがえる。一七五七年は最も大変な年の一つで、プロイセンのフリードリヒ二世との戦いの最中に、四か月間で二人の子が危篤状態になった。一人はヨーゼフで、一月に天然痘にかかり、その発疹の多さに周囲は「ひどく心配した」[36]。二か月後、マリアンナ[37]が瀕死状態になり（おそらく肺炎）、四月九日には終油の秘跡〔カトリック教徒が死の直前に司祭から受ける儀式〕を受けた。女帝はレルヒェンフェルト夫人に、娘が死に瀕して「自分も息絶えるかと思った」と打ち明けた[38]。こうした言葉は形式的な表現ではない。マリア・テレジアもフランツ・シュテファンも、子の不幸に「深い悲しみ」を味わったのだ[39]。

　一七六七年一〇月には、二人目のエリーザベトも天然痘にかかり、マリア・テレジアはヘルツェル侯爵夫人に宛ててこう書いた。「私たちは自室におり、非常な恐怖に襲われています。（中略）天然痘はたちの悪い病気です。私たちを戦慄させるあらゆる条件がそろっていますが、明日になれば、もう少しはっきりするでしょう。それまで待つことを想像してみてください。この心は一本の糸にすがっています。気力はすっかり失われました。神にできないことはありません。この身の一切を神にゆだねましょう」[40]

エリーザベトは生き延びた。だが姉妹の中でもアマーリアと並んで一番の美女だったのに、病気を克服したときには、容貌は崩れ、結婚は絶望的となった。

それまでマリア・テレジア自身は天然痘に感染したことはなかったが、この病気の感染力の強さは知っていた。しかし子どもたちが罹患すると必ず枕元に駆けつけたので、医師ファン・スウィーテンは近親者たちに指示して、彼女を引き離さねばならなかった。それでも彼女は子のもとを離れることをよしとせず、逐一状況を把握できるよう、なるべく近くにいた。彼女にとっても夫にとっても、こんなときに旅行やラクセンブルク離宮に出かけるなど論外だった。

子どもたちの死は、その一つ一つが悲劇だった。たとえそれがどんなに幼い子でもだ。マリアンナが病気になったときに綴った女帝の言葉もそれを裏付けている。「神は長い間、子どもの死を免れさせてくださいましたが、そうしたすべての死を再び体験するような気がいたします」[41]。フランツの侍従ケーフェンヒュラーの一七四三年八月一日付の日記によれば、女帝はわずかな供を連れてラクセンブルクに向かい、当地で他界した長女エリーザベト〔一番目のエリーザベト〕を追悼するためにミサに参列した。[42]

マリア・テレジアは、他界した子一人一人のことを、その享年にかかわらず、決して忘れなかった。一七六五年にレオポルトの婚姻に際して修復されたインスブルック宮殿の大広間からも、このことが読み取れる。壁の装飾用に彼女が画家マイテンスの工房に注文したのは家族全員の肖像画で、一六人の子たちが描かれ、夭折した三人の子も体格こそ違え、天使の姿で天国にいる。当時にあって、こうした表現法は類を見なかった。

他界した子たちの記憶へのこだわりは、当時の慣習や常識とは一線を画していた。乳幼児の死亡率は非常に高く、特別なことではなかった。一六か月の子を亡くしたシャトレ侯爵夫人は書簡で、「思っていたよりも打ちのめされた」[43]と自分の感情に驚きながらもすぐに別の話題を綴っているし、その二世紀前の文人モンテーニュも、「私は二、三人の乳児を亡くして残念には思ったが、がっくりするほどではなかった」[44]という有名な言葉を残している。一八世紀に入っても、幼児が一人死のうとも代わりの子は他にもいる、くらいにしか考えられていなかった。よく言われるように「一人いなくても一〇人いる」というわけだ。タルーカも、女帝が一七四八年に二人目のカロリーナ[45]を生後間もなく亡くしたときに、同じような理論でなぐさめようとした。「陛下はあと一〇回でも一二回でも身ごもられるほど、健康であられます」と[46]。

マリア・テレジアの母としての反応を当時の女性王族と比べてみれば、その違いは一目瞭然だ。どの女性も幼子を病気で亡くす経験をした[47]。マリア・テレジアと特に対照的なのが、フランス王妃マリー・レクザンスカで、四人の末娘たちは一七三八年に、それぞれ五、四、二歳でフォントヴロー修道院に送られた。八番目のマダムと呼ばれた末娘は、わずか一一か月の乳児だった。これは宰相が経費削減の口実のもとに下した決断で、「子思いの父」として有名だったルイ一五世が許可した。王妃が悲しんだとか反対したという記録は一切残っていない。王女たちは一〇年から一二年の間修道院に閉じ込められ、王妃は一度たりとも訪問しなかった。父スタニスワフに会いに北部リュネヴィルへ行くことはあったのに、である。さらに驚くべきことに、七番目〔六番目とも〕のマダムと呼ばれた王女が八歳で修道院で他界しても、王妃は墓参りに行こうともしなかった。生きてヴェルサイユに戻ってきた三人の娘たちを待っていたのは、見も知らぬ母、再会してもさほどうれしい様子を見せない母だった。娘にとっても母にとっても、互いが他人であった。

ほかにも、統治権のない女性王族の一人、ナポリおよびシチリア国王、のちのスペイン国王カルロス三世妃マリア・アマーリアも母としては怠慢だった。七人の娘と六人の息子をもうけたが、女の子ばかり五人が他界した。一七四二年に長女と次女がそれぞれ二歳と三か月で亡くなる頃には、新たに長女となった三女マリア・イサベルの健康にも陰りが差した。一七四九年二月一四日、六歳を目前に天然痘に感染した疑いが出、二二日に確認された。しかし国王も王妃も狩りに夢中で、二月二五日のボヴィーノ行きをあきらめず、二〇日ほども滞在して、大いに楽しんだ。娘は三月五日に両親に会えないまま他界することになるが、父も母も娘の状態をさほど気にかけず、予定通り二〇日後にナポリに戻ったときには、娘はとうに故人となり、埋葬されていた。このことを報告したフランス大使は、母親について「上の王女を亡くされた悲しみを見せまいと、自制なさいました」[48]と好意的な見方をしている。王妃は、国王はどうしても自分をボヴィーノに連れていきたがったのだと立腹していたことから、何か食い違いがあったとも考えられる。だがナポリ宮廷では、国王が王妃の言いなりであることを知らぬ者はいなかった。

当時は涙を呑むことがよしとされていたとはいえ、これらの女性たちの「母親的な感情」はごく薄い。一二人の子の母であるマリア・アントニア・ディ・スパーニャ[49]が六か月の息子[50]を亡くしたときの、駐サルデーニャフランス大使ショーヴランのあけすけな驚きもこの点を裏付けている。息子の死から一週間も経つのに、王妃はまだ悲しみに暮れている、さらに信じがたいことに、その次の週も王妃の「嘆き悲しみはまだ和らいでいなかった」[51]と。

マリア・テレジアはほぼ成人した子を三人も失ったときには、悲しみを隠そうとしなかった。彼女にとっては、ウィーン宮廷や帝国各地に自分の「深い悲嘆」が知らされ、人々が喪に服したのもごく当然のことだった。

鬱に苦しむ母

マリア・テレジアの父は「憂鬱《メランコリー》」とあだ名されていたが、彼女も父から受け継いだ気質にひそかに悩まされていた。宮廷人も歴史家たちもこの点には言及しておらず、彼女が自ら二人の親友、タルーカとローゼンベルクに語っているだけで、二人ともこの秘密については、固く口を閉ざしていた。彼女はタルーカからの手紙への返信で、苦しみを告白し、説明している。子どもたちも母の状態について全く気が付いていないわけではなかった。

すでに一七四三年一〇月には明らかな兆候があった。二六歳のマリア・テレジアは、暗い考えにとらわれ、統治に終止符を打ちたいとタルーカに打ち明けた。タルーカは急いで返信し、現状をつまびらかにして見せた。「陛下の統治への嫌悪に、私は危機感を抱いています。これは、六か月ごとに定期的にやってくる一種の病気です（つまり、これが初めてではないということだ）。私の見たところ、病気は特に秋半ばにひどくなります。陛下は一種の闇の中に落ちてしまわれています。陛下の才覚をもってしても克服できないのですから、苦痛もひとしおでございましょう」[52]

彼は女帝に散策、祈禱、「少々のカード遊び」を勧めた。

タルーカは、女帝の嫌悪感は当時帝国が瀕していた政治的激動のせいだと考えたのかもしれない。フリードリヒ二世率いるプロイセン、そして領土拡張を狙うヨーロッパ各国を敵に回して、女帝は劣勢だった。あるいは、その二か月前にエリーザベトを産んでから鬱状態が続いているとも考えたのだろうか[53]。だがその後も、暗い気分は理由もなく定期的に襲ってきた。一七四五年八月にも、タルーカに「健康も気分も優れません。私は確かに貴公を避けておりました。話す気力もなかったからです」と告白している[54]。

二年後の一七四七年にも、まだ三〇歳だというのに、「体も心も病んでいます。まったく起き上がれません。年を取ったと感じています」と記した[55]。翌年に和平が成立すると〔アーヘンの和約〕、不調は一層深刻になる。「私は悲惨な状態におります。今までこんな状態になったことはないと思います。公の場にはまだ姿を見せられるものの、機械的でしかなく、理性が働いているわけではありません。理性など、もはやひとかけらも残っていないのですから。私は動物のようにひどく打ちひしがれて、考えることもできず、（怒りで）興奮のあまり話すこともできず[56]、深く絶望しています。もう二、三度、こんなことが起こり、数人の者たちにかなり腹を立てました。もはや一人で閉じこもるしかありません」[57]

激しい鬱は思い出したように繰り返し襲ってきたが、そのたびにさらに猛烈かつ頻繁になっていった。とりわけ一七六五年に夫を亡くしてからが、一層ひどかった。その前後に書かれた手紙には、「話せるような状態ではありません」[58]とか、「今日は本当に調子が悪いのです。ただし調子が悪いのは体ではありません」[59]「私はすべての人を避けています。話したくないのです」[60]「うまく考えることができず、気が狂ってしまうのではないかと心配です」[61]「私は四〇歳にして、父が死の床で感じた状態にあります」[62]と記されている。

数年後寡婦となったマリア・テレジアは、友人ローゼンベルクに宛てて、自分をこう描写している。「私がまだ肥えていて顔色もいいと思われるでしょうが、元気とはほど遠い状態です。心は悲しみにふさがれ、頭は虚ろで、無力に等しく、失望しきっています。今まで生きてきて、こんな状態に陥ることをずっと恐れていました。偉大で無二の師である父もそうでした。夫が生きていた頃は、彼が支えてくれました。夫を目にするだけで、すべてを忘れられたのです。（中略）もはや何を見ても心が動きません。私はこうした自分の気質に振り回されているのです」[63]

鬱状態に陥った女帝は、完全な孤独の中に逃げ込んだ。誰にも会いたくない、我が子にさえも、とタルーカに打ち明けている。「人と会うのはあまりに危険です。子どもたちといると気が滅入り、悲しくなるばかりです。（中略）そうしたときにつきものの些細なことや軽口に耐えられません[64]。心の平安と幸せのためには、隠遁と隠れ家と静けさが必要です」[65]

子どもたちの養育係トラウトゾン侯夫人も、女帝が一週間ほど姿を消すことがあると記しているが、その理由までは理解していなかったようだ。だが子どもたちが母の精神状態に気づかず、何も感じなかったとは考えにくい。

第二章

教育熱心な母

大帝国の責任を担いながら一三人の子を育て上げるには、完璧な秩序が不可欠で、自分が子どもたちに何を望むのかを把握しておかねばならない。娘も息子も、目標はハプスブルク朝の役に立つような人物に育てること。女の子たちは婚姻を通して外国宮廷との結束を強め、男の子たちは帝国の属領でハプスブルク朝を体現する。これこそが本質的な義務である、とマリア・テレジアは考えていた。

彼女の役割や活動は、子どもたちの年齢、そして何よりも劇的な政治的出来事に応じて変化していった。即位直後[1]、二三歳でヨーゼフを身ごもって妊娠六か月だった彼女は、重要なシレジア〔現代のポーランドとチェコ間の一地域〕にプロイセン国王フリードリヒ二世が侵攻してきても[2]、なすすべもなかった。フリードリヒ二世は当世きっての老獪な君主であり、敏腕で、軍事戦略の才も群を抜いていた。こうしてオーストリア継承戦争の火ぶたが切って落とされたが、この間女帝は六人の子を産み〔生後すぐに他界したカロリーナを除く〕、帝国の豊かな穀倉地帯、シレジアを失う

16 人の子どもたち

女の子 11 人、男の子 5 人

マリア・テレジアの地位	女の子	男の子
トスカーナ大公妃 (1737 - 65 年)	**エリーザベト** 1737 年 2 月 5 日 - 40 年 6 月 7 日 **マリアンナ** 1738 年 10 月 6 日 - 89 年 11 月 19 日 **カロリーナ** 1740 年 1 月 12 日 - 41 年 1 月 25 日	
ハンガリー女王戴冠 (1741 年 6 月)	**クリスティーナ** 1742 年 5 月 13 日 - 98 年 6 月 24 日	**ヨーゼフ** 1741 年 3 月 13 日 - 90 年 2 月 20 日
ボヘミア女王戴冠 (1743 年 5 月)	**エリーザベト** 1743 年 8 月 13 日 - 1808 年 9 月 22 日	**カール** 1745 年 2 月 1 日 - 61 年 1 月 18 日
神聖ローマ皇后 (1745 年 9 月即位)	**アマーリア** 1746 年 2 月 26 日 - 1804 年 6 月 18 日 **カロリーナ** 1748 年 9 月 17 日 (同日死去) **ヨハンナ** 1750 年 2 月 4 日 - 62 年 12 月 23 日 **ヨーゼファ** 1751 年 3 月 19 日 - 67 年 10 月 15 日 **カロリーナ** 1752 年 8 月 13 日 - 1814 年 9 月 8 日 **アントーニア(マリー・アントワネット)** 1755 年 11 月 2 日 - 93 年 10 月 16 日	**レオポルト** 1747 年 5 月 5 日 - 92 年 3 月 1 日 **フェルディナント** 1754 年 6 月 1 日 - 1806 年 12 月 24 日 **マクシミリアン** 1756 年 12 月 8 日 - 1801 年 7 月 26 日

ことになる。この戦争に続く八年間(一七四八 - 五六年)は穏やかな時期で、女帝は末の六人の子を産み、軍、金融、司法、行政を近代化して、オーストリアを再建した。とはいえ、領土の一部を奪ったプロイセン国王への復讐の念は弱まることなく、平和な時期にも軍備を怠らなかった。

政治、戦争、出産が重なったこの時期、マリア・テレジアは先人たちから軽んじられてきたある課題に熱心に取り組んだ。公人としての自己演出である。彼女は子どもたち全員に、「人々に知られること」[3]は利益につながるのだと繰り返し教えた。女帝を見たい、娯楽や祝宴を楽しみたいと、人々が競って詰めかけるような「宮廷を開かねばならない」[4]。女帝は週に一度、その時の状況に合わせて、宴、夕餐、舞踏会、イリュミネーション、芝居、バレエなどを催し、後年王妃となった娘たちも、こうした娯楽を主催した。

幼少期

子どもたちは離乳期まで子ども部屋で乳母の世話を受ける。マリア・テレジアも、時々子どもたちの顔を見に足を運び、ケーフェンヒュラーの日記にも、一七四六年に女帝が二人の幼い子（一八か月のカールと五か月のアマーリア）に会いにヒーツィンク〔ウィーンの一地区〕を訪れたと記されている。この日、アマーリアの乳母が代わったところだった[5]。ヨーロッパの名門貴族社会では、母は思い出したようにしか子どもたちに会わないのが普通で、我が子を母乳で育てるなど論外だった。しかしマリア・テレジアは一七七〇年に、母乳育児を全面的に擁護している[6]。

子どもたちは乳母の手を離れると、男女一緒に子ども部屋で養育係の世話を受け、六歳ないしは七歳になる頃に男女に分かれる。この間（三歳から七歳）、子どもたちは母マリア・テレジアとそれまでよりもずっと長い時間を過ごし、将来の役目に慣れるため、頻繁に宮廷に連れていかれた。ヨーゼフが初めて公式の場に出席したのは、一七四六年五月二九日、五歳のときで、初めてフランス語で受け答えをしたのは、ロシア人侍従チョグロコフとの謁見でのことだ。当時四歳のクリスティーナはドイツ語で挨拶を述べ、チョグロコフはフランス語で答えた[7]。その前年には、上の子三人（七歳のマリアンナ、四歳のヨーゼフ、二歳九か月のクリスティーナ）が、限られた観客を前にちょっとした芝居を上演した[8]。こうして子どもたちは、将来の地位に見合った自己演出に向けて、訓練されていった。

幼い子たちと両親との関係は親密だった。皇帝夫妻が親しい友人宅やラクセンブルクの離宮に数日滞在するときは、四、五歳の子を一人か二人連れていくことも珍しくなかった。クリスティーナも、マネルスドルフに住む女帝の育ての親、「マミー」ことフックス伯爵夫人を両親が訪問するときに、一人で、またはマリアンナと一緒に連れていかれた[9]。その下のエリーザベトも五、六歳の頃に母に連れられて、マミーを訪ねている。大公女の養育係を務めていたトラウトゾン侯夫人は、こうした外出には同伴しなかったが、女帝は娘のことをほめちぎる手紙を彼女に送った。

「エリーザベトのことをどこからほめればよいでしょう。彼女は子どもではなく、一人前の人間、一緒にいて快い相手なのです。（中略）私たちはでこぼこ道を通って一時間四五分で到着しましたが、娘は立派に耐えました。小さな彫像のごとく、暑さや埃っぽさをものともせず、様々なことをほどほどに話し続けながら、落ち着きを失わず、姿勢を崩すことなく、何かをせがむこともありませんでした。二〇歳の大人でも、これ以上立派には振る舞えないでしょう。今までのところ、娘は上の子たち全員をしのぐ感じのよさです。（中略）娘は一時間も私たちとしっかりと話していました。その後夕食をとりにいきましたが、戻ってくると、食事中の私たちと堂々とした物腰で七、八分を過ごしました。退席するときには心残りな様子でしたが、それでもヴェーバーにほんの一言、『もう私に退席してほしいのね』と漏らしただけでした。上の階で一悶着あるのではないかと心配しましたが、何事もなく、娘が寝入る前にもう一度顔を見にいきました。娘は四時半までぐっすり眠りました。やるべきことをすべてやり、私と一緒に『聖人たちの生涯』を読み、チョコレートの朝食をとりましたが、そのときばかりは毅然とはしていませんでした」[10]

こうしたマリア・テレジアの言葉は、彼女が幼い子どもたちと、これまで言われてきたよりもずっと親密な関係にあったことを示している。小さなエリーザベトも、模範的な女の子を演じて母に気に入られたかったのだろうし、実際に首尾よくいった。マリア・テレジアは娘を誇らしく思い、堂々と愛情を示したが、ほぼ同時期にヨーゼフがモラヴィアに同行したときは、こうはいかなかった。「息子（当時七歳）の振る舞いは、ご想像できるでしょう。悪くはありませんが、私を満足させるにはほど遠いのです」[11]

子どもたちは六、七歳で新しい段階に入る。大公は「男性となり」、アヨに預けられる。教育係は一切の責任を負う。大公には副教育係一人と多くの家庭教師が付けられ、住居も変わり、姉妹たちから引き離される。大公女たちはアヤと生活を共にする。同性の子どもたちが集められて、年齢ごとに二、三人のグループになって育てられる。ただし長男で、すぐ下のカールより四歳年上のヨーゼフだけは別扱いだった。彼が世継ぎだったためだが、孤独な性格はこうしたところから来ているのかもしれない。アマーリアも似たような境遇で、カールとレオポルトに挟まれ、エリーザベトより三歳年下だったが、姉と一緒に過ごすようになったのは、その後何年も経ってからのことだ。ヨーゼフとアマーリアは別として、子どもたちはアヨやアヤの監督のもと、五つのグループに分かれていた。一つ目のグループは上の三人の娘、マリアンナ、クリスティーナ、エリーザベト、二つ目はカールとレオポルト、三つ目はヨハンナとヨーゼファ、四つ目はフェルディナントとマクシミリアン、五つ目はカロリーナ[12]とアントーニア〔マリー・アントワネット〕だった。

マリア・テレジアが下の子たち——とりわけ末子たち——よりも、上の四人の子たちとの関係について多くの言葉を残したのは事実だが、それでもそれぞれの子の性格をよく把握しており、それもおそらく長所より短所を見抜いていた。

幼少期の最後の段階は一三歳に始まる。早くも婚姻交渉が開始し、アヨやアヤは子どもたちの将来に向けて準備に取りかかる。将来のナポリ王妃の育て方と、未来のフランス王妃の育て方は違うのだ。子どもたちはさらに頻繁に宮廷に登場し、皇帝夫妻も旅行や狩りや教会行事やラクセンブルク滞在に、四、五人の子を積極的に連れていった。

アヨとアヤ

現在では、アヨやアヤの日常生活について多くのことがわかっている。アヨと違い、多くのアヤは近親に手紙を書き、世話している子どもたちとの生活や役職の利点、欠点を綴っている。皇帝夫妻には男の子よりも女の子が多く、あるグループから別のグループを担当したアヤもいれば、職を退き、新たなアヤが入った例もある。また役職も名誉もつかないまま、養育に従事した女性もいた。彼女たちは「子ども部屋付き女官」と呼ばれ、アヤや、場合によっては直接女帝に状況を報告していた。

採用と義務

アヨもアヤも、採用基準はほぼ同じだ。ただし、アヤはたいてい子持ちなので、子どもを預けて、皇帝夫妻の子どもの面倒を見ていた。これが自分で子どもを育てたことのないアヨとの違いで、夫に先立たれ、子どもも成人した女性がアヤになるケースが多かった理由の一つでもある。アヤもアヨも貴族であることが絶対条件で、宮廷事情に通じ、評判も高くなければならない。皇帝夫妻の上の三人の子の面倒を見ていたトラウトゾン侯夫人は、新しいアヤの採用に際して、リンツに住む妹ドミニカ・フォン・テュルハイムに助けを求めた。彼女の挙げた必須条件は以下の通りである。「リンツにお住まいで、宮廷でアヤを務められるような未亡人全員を調べてみてください。（中略）敬虔で優しく、しっかりとしていて、健康で、見目よく、気品ある物腰で、勤勉で、完璧に従順な方を探しています」[13]

アヨやアヤに任命されれば、公式な役職が与えられ、女帝と直接話すこともできる。しかし重労働で責任重大なため、希望者はいなかった[14]。トラウトゾン侯夫人の言葉からは、決して閑職などではなかったことがうかがえる。「私の生活は目まぐるしく、自分で決められることはほとんどないので、自身の意思で動いたり、希望をかなえたりすることなどできません」[15]。子どもが病気になると、朝から晩まで付き添っていなければならず、ほかの子のアヤがいないときには、代理を務めねばならない。トラウトゾン侯夫人も一七四〇年代に、「幼いカールはいつも病気がちです。（中略）突然アヤの具合が悪くなりました。（中略）今日はよくなったようですが、その間私が代理で監督をしています。ほとほと手を焼いています」[16]と書いた。幼いマリアンナについても、「病弱な子で、多くの時間をベッドで過ごしているので、私の性格には到底合いません。こうした生活に、すっかり打ちのめされています」としたためている[17]。彼女は一時も気を緩められなかったようで、「一つ厄介事が片付いたと思えば（中略）、新たな厄介事が起こります。ミミ（クリスティーナ）の具合がよくありません。（中略）すべてが私を押しつぶし、牢獄に閉じ込め、我が家から遠ざけます」と嘆いた[18]。

トラウトゾン侯夫人は子どもたち――とりわけマリアンナ――を我が子同然に育てたし、多くの侍女が補佐して、副教育係たちが付けられることもあったが、それでもアヤやアヨの責任はきわめて重く、毎週女帝に報告をせねばならなかった。マリア・テレジアはあらゆることに目を光らせていたが、すべてのアヤにとって、女帝と一対一で接することができるのは何よりもうれしいことだったし、女帝も彼女たちに尊敬と感謝の念を示していた。

アヤとの親密な関係

ハガー男爵家に生まれたトラウトゾン侯夫人カロリーナ[19]は、もっとも古株のアヤだった。一七四一年に四〇歳でマリア・テレジアに仕えるようになり、公式には一七六三年一月に退職するまでアヤを務めた。マリアンナの「女官長」の職は、一七六二年一〇月にサルムール伯爵夫人に引き継がれたが、マリアンナや女帝との親交は絶えることがなかった。彼女が最初に面倒を見た子がマリアンナで、次いでクリスティーナ、エリーザベトが生まれ、ヨーゼフの世話をすることもあった。当時はアヤではなく、「子ども部屋付き女官」の扱いだった。[20]大変な読書家で、演劇を愛し、子どもたちのために芝居を書いて演出するほどの教養の持ち主だった。マリア・テレジアは彼女と深い友情を育み、つねにそばに置いておくようにした。女帝はホリーチ〔現在のスロバキアの都市〕に滞在していた夫を訪れたときも彼女を連れ[21]、彼女抜きで旅行するときにも、頻繁に手紙を送った。皇帝に即位したフランツ・シュテファンと共にフランクフルトに滞在していた一七四五年に始まった手紙のやり取りは、二人が驚くほど強い絆で結ばれ、親密だったことをうかがわせる。一七四五年のある手紙は「心から抱擁いたします。どうぞご自愛なさって」[22]と締めくくられ、別の手紙には、「貴女がいらっしゃるときにだけ、静かな喜びを感じます」[23]と書かれている。数年後には文体も親し気になり、「朝食を用意してお待ちしているわ」[24]とある。女帝は夫人をマリアンナの第二の母と考えていた。

トラウトゾン侯夫人も女帝を手放しで賞賛し、「心酔」ぶりを隠さなかった。現代ならさしずめ優れた心理学者だった夫人は、女帝への感情や彼女との関係を的確に叙述した。

「私は何年もの間、マリア・テレジアさまへの敬意や賞賛の念や献身や愛情と、友人として最も誠実かつ偽りのない信頼のこもった温かな友情とを両立させることができましたし、今でもできます。マリア・テレジアさまもそのことをご存じで、同じくらい尊重してくださいました。女帝は私を信頼くださっていましたが、つまりは私という人間をご存じなのでした。もし女帝への深い愛情がこの心の中に熱情を生み、そのせいで私が心変わりして、女帝に優先して尽くすべき方々への愛情が変わったことを知られたら、女帝は私のことを気づまりで極端だと思われたでしょう。私にとって女帝の秘密は絶対であり、その利益は神聖なるものです。私は女帝に対するのと同じくらいほかのお友達に対しても誠実でした。女帝は誰よりも執務に追われていました。私が一切の感情を押しのけてしまうほど心からの熱烈な愛情を示していたら、きっと恐れをなしたことでしょうし、私のことをお慕いくださるどころか、遠ざけられたでしょう」[25]

一七五六年に、当時六歳半のヨハンナと五歳半のヨーゼファの養育係に任命されたのは、トラウトマンスドルフ家生まれのマリア・ヴァルブルガ・フォン・レルヒェンフェルト伯爵夫人[26]だった。夫人は夫に先立たれ、二人の息子がいた。ウィーンへやってきた彼女は、女帝へのお目見えのときの様子を息子に書き送っている。

「陛下がいらして、これ以上ないほど優しく迎えてくださいました。(中略)私がお礼を申し上げる前から、『感謝すべきは私の方です。貴女は私のために犠牲を払ってくださり、今までお住まいだった静かな町を去られたのですから』とおっしゃいました。そして『貴女のところはご子息だけですが、これからは女の子にも慣れていただきますわ。と言っても、私は案じておりません。ご子息方の評判は方々で聞いていますし、我が子たちについて、それ以上に手をかけていただきたいなどとは思っておりません』と述べられました。(中略)そして様々なことをお話になり、それはそれは大変優雅な物腰でした。すべての君主が陛下のようでしたら、何の見返りがなくてもお仕えしたいと思うことでしょう」27

マリア・テレジアの抗いがたい魅力は健在のようだ。彼女は社交辞令ではなく本当に、アヤを子どもたちの第二の母、誰よりも重要な協力者と考えていた。彼女はどれだけアヤたちに助けられているかをわきまえていたし、あらゆる機会を利用して謝意を伝えていた。それぞれのアヤと個人的で特別な関係を築き、アヤたちもそれを誇りにしていた。またアヤが子どもたちの看病をすることがあれば、見事な贈り物をすることを心がけていた。ヨーゼファが猩紅熱《しょうこう》を患ったときは、レルヒェンフェルト夫人はマリア・テレジアから「優雅な品々」を贈られたと述べている。「鼈甲《べっこう》でできた嗅ぎ煙草入れ、ダイアモンドで縁取られた貝殻のイヤリング。私は、お祝い事ではないのですからこうした贈り物は受け取れませんと申し上げたのですが、陛下は大したものではないし、受け取るべきだとお伝えになりました。（中略）これほどの気配りをして、ここまでよくしてくださる君主などほかにいないことは確かです」[28]

女帝は貴族出身の養育係たちに惜しみない友情と優しさを示した。フランス人女性マドレーヌ・コピノーもその一人で、『ペルー娘の手紙』の著者グラフィニー夫人からトラウトゾン侯夫人に熱心に推薦され[29]、一七五〇年代初めにウィーンにやってきた。まずトラウトゾン侯、次いでケーフェンヒュラー＝メッチュ侯に仕え、その後当時一四歳だったエリーザベト大公女に仕えた。一七五八年から七〇年までエリーザベトを世話し、一七五九年から六一年まではカロリーナの養育も担った。

コピノー夫人も申し分のない教養の持ち主で、「子ども部屋付き女官」として採用されたが、アヤに任命されることはなかった。けれども子ども部屋付き女官たちの中では筆頭の地位を占め、すぐにエリーザベトと打ち解けた。こうした関係はずいぶんと批判されたが、彼女はあらゆる手を尽くして、エリーザベトの衝動的な性格を変えようとした。彼女もマリア・テレジアと一対一で話し合う権利を与えられ、毎週報告を上げていた。グラフィニー夫人宛ての手紙にはこうある。「陛下は私の大公女との接し方に大変満足なさっています。私たちのちょっとしたたくらみをそっとお伝えしたところ、陛下はとても面白がられました。（中略）陛下に信頼されることでどれほどの嫉妬が集まるか、ご想像もできないでしょう。私はしばしば陛下と三〇分ほど話し合います。私は、大公女について流布している間違った意見を指摘いたしました。（中略）私によって目を開かれた陛下は、もはや私の報告しかお信じになろうとしません。週末に、その週に起こったすべてのことを、よいことも悪いことも含めて報告差し上げるのは名誉ではありますが、今までのように、悪いことをことさら重大事のごとく報告することはいたしません」30

ヘルツェル夫人をはじめとする女官長やアヤや子ども部屋付き女官たちは、エリーザベトにずいぶんと振り回された。レルヒェンフェルト夫人の姪に当たるマリア＝アンナ・フォン・トラウトマンスドルフもその一人で、長いこと大公女に仕え、その激しい気性と怒りの犠牲になった。マリア・テレジアは娘からひどい仕打ちを受けた彼女に宛てて、「親愛なるトラウトマンスドルフさま、昨日の出来事に大変心を痛めています。すぐに知らせを受けていれば、あの場に娘を行かせることはなかったでしょう。残念ですが、思いやりも感謝もない性格には荒療治が必要です。(中略) 貴女には申し訳なく思っていますし、貴女がずいぶんとお世話くださること、恩知らずな娘のために尽くしてくださっていることを考えると、本当に心が痛みます。貴女への感謝の念、親愛の念は一層強まるばかりです」[31]
と書いている。

翌日にも根気よく手紙を書き、共感と謝意を示した。「親愛なるトラウトマンスドルフさま、私よりも安らかな夜を過ごされたでしょうか。昨日は愚かな娘にずいぶんと腹が立ち、自分を抑えることもままなりませんでした。貴女の心配りと苦労に感謝の念が尽きません。(中略) こうしたことがあっても、貴女への友情が薄れることはありませんし、実の母親よりもずっと正当に評価されるべきことに変わりはありません」[32]

マリア・テレジアはいかなる状況でも、たとえ娘とアヤが対立したり相性が合わなかったりしても、アヤへの感謝の念を忘れなかった。

子どもたちの指導者、とりわけ世継ぎの教師を選ぶ際には、父と母はしっかりと話し合った。元帥カール・フォン・バッチャーニ伯爵[33]は、高潔さと軍での活躍ぶりを買われて、上の三人の大公たちの指導を任された。彼には数名の補佐が付けられ、女帝からの指示が元帥から補佐へと伝えられていたが、末息子のフェルディナントとマクシミリアンを指導するには年老いていたため、カール・フォン・ゲースとアントン・フォン・トゥルンが教育係に任命された。大公女に振り回されるアヤたちとは違い、アヨと補佐たちは堅実に勤め上げた。ただし彼らは証言を一切残していない。

母の指示

マリア・テレジアの指示は、子どもの年齢、性別、性格に応じて異なっていた。一番の目的は、彼らを将来の務めに向けて教育すること。心、身体、知力に関する指示には男女共通の項目もあり、すべての子どもの教育には一貫して、二つの絶対的事項が課された。一つはキリスト教教育で、服従と神への愛が説かれ、両親への敬意と愛情が重視された。当時、家庭の中で父は神の代理と考えられていたが、マリア・テレジアが「両親」に言及するときには、この代理は自分自身をも指していた[34]。祈禱時間やミサへの出席は絶対厳守だった。二つ目は、健康、食事の内容と時間、衛生への極端なほどの配慮だ。特に足と口は絶対に清潔にしておくこととされていた。彼女は一五歳のレオポルトを、「少しも衛生観念がない」と厳しく叱責し[35]、フェルディナントもマリア・ベアトリーチェ・デステと結婚した後でさえ同様の指摘を受けた。

男の子も女の子も、ごく幼いうちからダンス、芝居、音楽を学ばねばならない。これは将来しかるべき地位に就いて、公の場に姿を現す機会が多くなる点を見越してのことであり、彼らは小さい頃から宮廷舞踏会に出席していた。マリアンナは七歳でケーフェンヒュラーと踊ったし[36]、ヨーゼフは六歳でマリアンナや五歳のクリスティーナと共に舞台に立ち、クレオン〔古代ギリシャ悲劇『アンティゴネ』の登場人物〕役を演じた[37]。上の三人の子は、父の誕生日にサン・フォワの『幸いなる試練』を上演し[38]、翌一七四八年のマリア・テレジアの誕生日を祝う大舞踏会では、ヨーゼフは叔母アンナ・シャルロッテ（当時三四歳だった！）と開会のメヌエットを踊り、マリアンナはベストゥージェフと踊った[39]。一七五六年二月には、「女帝は皇帝を驚かせようと、幼いアントーニア（当時わずか三か月だった）を含む一三人〔原文のまま〕の子どもたちに衣装をつけて、芝居を演じさせた」[40]との記録がある。マリア・テレジアはあらゆる機会を利用して、子どもたちに公の場での振る舞い方や宮廷の視線の集め方を教えた。内気を口実に威厳を欠くとか人を魅了しないなどということは、許されなかった。

実際の教育現場では、男の子に要求されることと女の子に求められることはかなり違っていたが、男女とも幼いうちからフランス語とラテン語（ハンガリーの公用語）は必修で、マリア・テレジアは読み書きに特段の注意を払っていた[41]。女帝がウィーンを留守にするときには、子どもたちはドイツ語、フランス語、ラテン語で交互に母に手紙を書くよう言いつけられた[42]。うかうかと稚拙な字を書いたり、綴りを間違えたりなどすれば一大事だ。いつけられた。特にマリアンナは、三上の二人の大公女は手紙を書くものの、たびたび説教されていた。特にマリアンナは、三歳年下のヨーゼフよりも間違いが多かった。男の子と女の子では勉強内容が違っていたが、ヨハンナ（六歳）とヨーゼファ（五歳）の世話をしていたレルヒェンフェルト夫人宛ての指示からすると、何よりも宗教教育が重視されていたようだ。同時に「日曜日や祝日には、地図を見ながら学んだり、外国語を翻訳したり、寓話や本などを読んだり、手仕事などの作業」もしていた[43]。

子どもたちの年齢に応じて母の指示も変わっていったが、末娘アントーニアが一〇歳にもなって読み書きが拙《つたな》く、実はアヤのブランダイス夫人が手紙を代筆していたと気付くには、かなりの時間がかかった。とはいえ、女子教育では夫を楽しませて支える魅力的な妻になることが重視されていたのも事実だ。肝心なのは、服従し、気に入られることであり、小賢しい女性など問題外だった。

マリア・テレジアから息子のアヨ宛ての指示では、学問よりもむしろ道徳が重視されている。君臨して統治すべく生まれた息子たちは、「徳が高く」なければならない。同時に教養もおろそかにされることなく、ヨーゼフ兄弟たちは三か国語での読み書きはもちろん、数学、歴史、地理、そして当然ながら法学を学んだ。バッチャーニ伯爵はヨーゼフに歴史を教えていた副教育係フィリップ・ド・ラ・ミーヌへの指示の中で、「大公殿下の教育はきわめて多岐にわたるため、全体を構成する一つ一つに、その教育内容を専門とする人が一人必要」[44]と述べている。そのために多くの博士（たいていイエズス会士）が付けられ、息子たちにかわるがわる教授した。男の子たちには幼いうちから軍事教育も施された。ケーフェンヒュラーは一七四七年の日記の中で、「大公（当時六歳半のヨーゼフ）は自らの連隊を率いています。大公は兵士たちを前に挨拶を述べねばならなかったのですが、女帝からすれば、優れた挨拶とは言えませんでした」と記した[45]。同様にカールも四歳早々で、寡婦となった皇后からウィヴァーリー将軍の連隊長に任命され、両親同伴のもと、軍服に身を包み礼拝に出席した[46]。翌年にはヨーゼフが馬に乗り、皇帝と共に連隊を率いた[47]。下の弟たちも、間もなく兄と同じ道を歩むことになる。

一七四九年、マリア・テレジアは息子たちに、様々な科目の公的試験を受けさせることにした。試しに八歳のヨーゼフが試験を受け、女帝、ケーフェンヒュラー、バッチャーニ、歴史地理を担当する司祭のみが同席した。結果は上々で[48]、年ごとに同席者も増え、毎月行われるようになった。宮廷顧問官バルテンシュタインも歴史とラテン語の試験に、「彼が遂げた進歩の立会人として」出席するよう招かれ、「女帝陛下はこの試験への熱意のほどを示された」[49]と述べている。マリア・テレジアは息子たちの試験には欠かさずに足を運んだが、皇帝はさほど熱心ではなく、「ヨーゼフ大公の地理の試験に、ほんの短時間いたくらいにしか記録されていない」[50]。だが試験は息子たち全員に課され、一〇歳だったカールや七歳のレオポルトも、カウニッツ伯爵とバルテンシュタイン男爵同席のもと、歴史と地理の試験を一緒に受けた。「この小さな殿方たちが示した記憶力のよさはうれしい驚きでした」[51]。ヨーゼフは哲学、形而上学、存在学の試験でも、なかなかの成績を収めた。「年齢（一四歳）、題目が微妙で難解だったこと、口頭試問はラテン語だったことを考えれば、課題を見事に達成したと言えましょう」[52]

ケーフェンヒュラーは大公女の公的試験には一切言及していないが、レルヒェンフェルト夫人は、ヨハンナとヨーゼファの試験に女帝が同席したと述べている。「女帝は大公女方の試験を実施されました。そして大公女方の知識に大変満足なさり、たいそうなおほめの言葉まで述べられました」[53]

女帝は一般に考えられているよりも、娘たちの教育に注意を払っていたのかもしれない。

それぞれの子に応じた指示

女帝がアヨやアヤに送った指示の内容は似通ってはいるが、それぞれの子の性格も描写されており、たいてい、直すべき振る舞いや傾向が指摘されていた。当時の教育とは、まっすぐでないものを「矯正する」ことを目的としていた。

一七四八年、マリア・テレジアはバッチャーニに宛てて、七歳の息子についての観察を記した。「私たちにとって最も大切で重要な後継者である息子は、生まれたときから極端に甘やかされ、愛情を注がれて育ちました。私たちが息子の希望や要求を、あまりに頻繁に聞き入れていたことは事実です。(中略)一方私たちは、息子が不愉快で、許しがたいまでに反抗的で、わがままを言い、何とも気安く無神経かつ粗野な態度で人と接することに気が付きました。(中略)たいていの若者と同じく、物忘れをしてばかりで、勤勉さに欠けることも珍しくありません」。マリア・テレジアはアヨに、多くの教師に見られるような冷淡でやる気をそぐような態度ではなく、忍耐と寛容を求めた。重要なのは、子どもが絶対的に依存する相手を敬い、畏敬の念を抱くことである。「息子の隠れただらしなさや、ふとしたときの喧嘩腰には気を付けてください。というのも息子は頭がよく、その頭のよさを利用して、たくさんのお世辞や言い訳を並べたり、激しく反抗したり、口論を吹っかけたりすることさえあるのです。（中略）息子の教師には、こうした無作法な騒ぎを抑えていただく必要があります。（中略）息子の問題点の中でも、矯正すべき傾向が一つあります。息子は幼いうちから、人の欠点を注意深くうかがって、笑いものにして楽しむのです。（中略）アヨは、息子に過度におもねる者や、王族としての虚栄心を必要以上に煽ろうとする者を遠ざけねばなりません。（中略）息子は献身と礼儀正しさをもって、両親の愛と慈しみに値することこそを誇りとせねばなりません。（中略）そして、他人の過ちを赦すことも学ばねばなりません」[54]

母の指示は、健康、教会での務め、時間割や娯楽のことへと続き、「皇帝陛下は、私が記しましたすべての希望と意見に同意されていらっしゃいます」と締めくくられている。

一七五二年、バッチャーニは当時七歳のカールと五歳のレオポルトの副教育係、フィリップ・フォン・キューニグルに宛てて指示を記した。内容はマリア・テレジアから伝えられたものと考えられ、「偉大なる一族全員と穏やかな友情、絆を築くよう導くこと。（中略）二人の大公には、兄がたえず弟たちに細やかな心遣いを示しているように、自分たちも兄にしかるべき配慮と敬意を払うよう教えること。（中略）遊んでいるときも、二人が殴り合ったり、なれなれしくしたり、過度な嫉妬心を抱いたりしないよう注意し、兄弟愛を育むこと。皇帝陛下夫妻は、こうした感情が入念に育まれ、深められ、家庭教師（フランツ・フォン・トゥルン）にほとんど親しまないレオポルト大公にもよい影響を与えるようお望みである」と記されている。

指示は二人の性格にはほとんど触れず、目標もかなり低く設定されている。「もともとカール大公は、すべての人に対し丁重で気配りを欠かさない。これこそ細心の注意を払って伸ばすべき点だが、年と共に、相手の身分や性格の違いに応じて、配慮を使い分けるべきことを理解させねばならない」[55]。ほぼ同時期にバッチャーニからブノワ・ヴィナンツに宛てた指示にも、幼いカール大公についての詳細な記述がある。「大公について…善良な性格で情け深く、寛大（中略）だが、心配性で血気盛んで怒りっぽいところもある。年齢の割にきわめて幼く、ふざけ好き。（中略）大公には、どんなにしつこくしようと、反抗しようと、感じよくしようと、（中略）貴殿を取り込むことなどできないと理解させねばならない」56

幼いレオポルトについては、単に「(カールのように)温和ではない。したがって、日々の習慣を通して親切心を学ばせ、とりわけ快活で明るくなるように導き、礼儀正しい言葉遣いを覚えさせる必要がある」とだけ書かれている。キューニグルは、何よりも意志を強く持ち、生徒たちから敬われること、なれなれしさを決して許してはならないことと指示されていた。「カール大公殿下におかれては、いかなる頑迷な態度も気まぐれも許されず、争ったり、あれこれと言い訳したりすることも許されない。レオポルト大公殿下におかれても、無頓着、怠惰、不作法は一切許されない。非常に危険な性格も同様である」57五歳のレオポルトと七歳のカールは何から何まで正反対だった。カールは生き生きとして、外向的で、人を魅了する。レオポルトは内向きで、もの悲しそうで、あまり社交的ではない。

娘たちの教育に関しては、マリア・テレジア自らが指示を書いており、ヨハンナとヨーゼファに関するレルヒェンフェルト夫人宛ての指示には、すべての大公女たちに共通する定めと教育が記されている。「娘たちは服従するために生まれました。彼女たちは時間と共に、服従を学ばねばなりません。ヨハンナが頑固な性格でないか、とても心配です。たくさんの長所を持った子なのですが。（中略）ヨーゼファはまだ可愛らしい子どもですが、姉ほど優れてはいません。雷、火、亡霊、魔女、その他の取るに足らないこと、あらゆる恐ろしいものは遠ざけてください。（中略）病気に怖気づいてはなりませんが、天然痘や死のことについて（中略）貴女とお話しできるようにしていただきたく思います。現実に向き合うのは大切なことですから。いかなるもの、ましてやどなたかに反発することを許してはなりません[58]。遊びの最中の暴力や慎みのない言動なども、絶対に禁止です。（中略）貴女には全面的な信頼を置いています。ご希望なら、いつでも会いにいらしてください。貴女のなさることは、すべて支持いたしましょう」[59]

マリア・テレジアはアヤたちと緊密な関係を築き上げ、娘たちの教育をしっかりと管理し、日常生活のこまごましたことにまで目を光らせていた。当時、子どもたちにここまで関心を向けるなど稀なことだったが、これは実母の影響というよりも彼女自身の思考から来ている。マリア・テレジアは息子たちの日常生活も積極的に支配したが、アヨとの距離に目を向けると、女帝と息子たちの関係はさほど濃くなかったのではないかとの印象を受ける。それでも彼女は息子たちとも娘たちとも親密な関係を築いていた。いや、ほとんどの子たちとは、と言った方が正しいだろう。

第三章
子と母

マリア・テレジアはまだ幼い上の二人の子――マリアンナとヨーゼフ――について、愛情に満ちた多くの言葉を残している。様々な理由から二人は心配の種であったため、母の手を最も煩わせた子どもでもあった。タルーカやアヤたちは、しばしば彼女の相談に乗った。現時点でわかっている限りでは、ミミことクリスティーナ、エリーザベト、カール、レオポルトについて彼女が残した言葉は、上の二人に比べると少ない。幼少期の彼らに、さほど重大事が起こらなかったためかもしれない。また八番目の子アマーリアとの関係についても、はっきりしたことはわかっていない。アマーリアはカールとレオポルトの間に挟まれ、三人の姉とは年が離れていた。三人の姉と母が一緒にいる様子は、多くの書簡に繰り返し記録されており、執務中の女帝の横で遊びに興じたり、田舎で両親と共に過ごしたり、一緒に旅行したりする光景が描かれている[1]。こうした旅行は政治目的のものもあれば、友人との外出、単なる娯楽のこともあった[2]。マリア・テレジアはキリスト教徒としての務めを重視し、娘たちにも同じことを望んでいたので――息子たちは必ずしも母の言うことを聞かなかった――、礼拝や礼拝行進や巡礼には、娘を一人か二人同行させた。

一方、末の六人――ヨハンナ、ヨーゼファ、三人目のカロリーナ、フェルディナント、アントーニア、マクシミリアン――は、当時のおびただしい数の書簡にもあまり登場しない。彼らの影が比較的薄いのにはいくつかの理由が挙げられるが、上の子たちほど母から手をかけられなかったという説もあながち的外れではないだろう。一〇番目の子（一七四八年九月一七日に生まれてすぐに他界した二番目のカロリーナ）の出産を目前に、女帝は友人でザクセン選帝侯夫人マリアに、「一〇人目でもう終わりにしたいものです。〔出産のために〕体力を消耗しますし、ずいぶんと老け込みますから。頭を使う仕事にさほど差し支えがなければ、そんなことも気にしないのですが」[3]と打ち明けている。明言はしないものの、マリア・テレジアは出産を心底恐れていた。出産には死の危険がつきものだ。しかも、絶対的権力を持つ女帝は細かなことにまでこだわり、鬱傾向もある。その上、道徳面で面倒を見なければならない子を一〇人も抱えていれば、手一杯なのは明らかだった。

だが成人した子たちのうち、女帝ともっとも頻繁に書簡を交わしたのは、幼少期に影が薄かった子たちだ。後年、女帝がしたためた書簡の大部分は、パルマ公妃アマーリア、トスカーナ大公レオポルト、ナポリ王妃カロリーナ、〔名目上の〕モデナ公フェルディナント、そしてフランス王妃アントーニアに宛てたもので、手紙からは、女帝が彼らに抱いていた気持ちや、彼らをどう考えていたかが伝わってくる。同時に、幼少期に母のお気に入りだった子がずっとお気に入りでい続けたわけではなく、逆に幼少期にはさほど手をかけられなかった子がお気に入りになった例もある。多くの母親同様、マリア・テレジアにも特にお気に入りの子たちがいたのだ。

マリアンナ――病弱な娘

祖父カール六世の存命中に生まれた三人の子たちのうち、唯一生き延びたのがマリアンナだ。当時マリア・テレジアはトスカーナ大公フランツ・シュテファンの妻に過ぎず、政治的責任もなく、夫と愛情に満ちた生活を送っていた。その二〇年後のある内輪の宴で、彼女は「マリアンナが歌っているのを聞いて、涙が出そうなほど感動しました。マリアンナは私がこんな不幸な女王ではなく大公妃だった時代に生まれた子で、ほかの子たちよりも愛していると感じました」と語った[4]。確かに、当時は七年戦争の真っ只中だったし、夫は別の女性――美女と名高いアウエルスペルク侯夫人――に夢中だった。彼女はフランツ・シュテファンより三〇歳も年下で、マリアンナと同い年だった。

四、五歳になるまでのマリアンナには、両親の心配の種になるようなことは何もなかった。快活で愛らしい女の子で、マリア・テレジアも好んで娘を手もとに置いていた。だが一七四四年九月になると、マリアンナの体調不良と母の心情をうかがわせる記述が現れる。「幼いマリアンナ大公女は高熱を患っていましたが、神のおかげで、ここ二日ほどでよくなっています。大公女を溺愛なさっている王妃〔マリア・テレジア〕はもちろん、ほかの方々も大変心配しております。大公女は心配されるに値する方ですし、これ以上愛らしいお子さまなどこの世にいらっしゃらないでしょう」[5]。これは単なる幼児の病気などではなく、その後何年も続くことになる体調不良の前兆だった。熱、頭痛、瀉血、吐血などが年と共に頻繁に起こり、何週間もベッドから起き上がれないこともあった[6]。それでもマリアンナは芝居でも歌でもダンスでも、優れた芸術的才能を見せた。アヤであるトラウトゾン侯夫人は妹に宛てて誇らしげに、「今日は我が大公女の芝居の話でもちきりでした。いつでもどこでも、この話題ばかりです。この愛らしい女の子が昨日、大勢の方々を前にどんなに素晴らしい演技を見せたか、想像もつかないでしょう。女優のように役に必要とされる暗唱や物腰を披露し、それはそれは優雅に踊られました」と書き、翌日には「この六歳の女優は、一度目のときよりもさらに素晴らしい演技を見せ、皆がうっとりしました」と知らせている。[7]

マリアンナを賞賛する言葉は、「娘は優しい」[8]との父のぶっきらぼうな言葉から、「年長の大公女は、姉妹の中でも容姿は見劣りし、体も弱いようですが、才知と雅やかで優しげな物腰がこうした欠点を補っています」[9]との駐ウィーンザクセン公使の公用文書に至るまで、数多く残っている。

一七五七年になるまで、マリアンナの病気は診断がつかなかった。知識の欠如のせいか、あるいは国家機密だったのか。後者の可能性が強い。普段は饒舌な大使たちも公用文書では、大公女は先天的欠陥のせいで結婚できないと述べつつ、病名は決して挙げていない。噂によれば、大公女は足を引きずっているとか、背に瘤があるとか。一七五七年三月初旬には、フランス公使が「(大公女は) ここ四、五日熱があり、ひどい頭痛に悩まされている」[10]と報告しているが、明らかに重病ではなく、二週間後には回復した。だが四月六日には体調が悪化し、三日後に終油の秘跡を受けた。マリア・テレジアは絶望して、「哀れな娘に希望はほとんど残されていません。これ以上ないほど苦しみ、私への思いやりにあふれた（中略）感動的な言葉を口にします（中略）。娘の唯一の気がかりは、私を置いていくことです。（中略）正直に申して、私が最も愛しているのはこの子です」[11]と記した。憔悴しきったマリア・テレジアは、レルヒェンフェルト夫人に、「私は自分が思っていたよりもずっと弱い人間です。神は長い間、子どもの死を免れさせてくださいましたが（一七四〇、四一、四八年に子どもが夭折した）、そうしたすべての死を再び体験するような気がいたします」[12]と打ち明けた。マリアンナはその数日後に回復したが、マリア・テレジアはなおもレルヒェンフェルト夫人に「私は息絶えるかと思いました」[13]と心情を吐露した。

マリアンナが奇跡的回復を遂げたのは、乳母の母乳のおかげだと言われていたが、大公女を墓場に連れ損ねた謎めいた病気が何だったのかは、決して判明しなかった。ただアヤが何度か、「黄疸」に言及している[14]。その答えはケーフェンヒュラーの私信に書かれていた。彼は日記にこそ記さなかったが、一七五七年四月二三日付の息子ジギスムントに宛てた書簡の中で、「マリアンナ大公女の健康状態は、乳母の母乳を飲み始めてからほぼ変わりません。一日に四回、規則正しく母乳をお飲みです。（中略）今のところ、回復の太鼓判は押せません。最も重い障害の一つが体格で、片方だけあばらがずいぶんと曲がっており、肺に突き刺さらないかと心配になります」と書いている。[15]

病床に縛りつけられていたマリアンナは、絵画や音楽、歌の腕を磨き、読書や知的活動に力を入れた。トラウトゾン侯夫人によれば、彼女はクラヴサンに合わせて歌ったり、「マルクス・アウレリウス・アントニヌス〔西暦二世紀のローマ皇帝、哲学者〕の言葉について思考したり」することを楽しんでいたらしい。[16]成人すると、科学への関心をますます深め、敬愛する父からは古いコインの蒐集趣味と自然史への興味を受け継いだ。後年は、父方の叔父カールとこうした趣味を楽しむと同時に、[17]物理学、化学、考古学への関心も育んだ。

年を経るごとに、マリアンナは宮廷生活から遠ざかり、孤独な時間が増えていった。知識人、ましてや女性の知識人を評価しなかった母は娘の態度に気を悪くし、軽蔑にも近い感情を示した。ついには病気がちな娘を指して、「あの子は半年ごとに死ぬのかしら」とまで口にした。成人したマリアンナは、もはや自分は母のお気に入りではなく、重荷になっていると感じていた。一方、父は一七六五年八月一八日に他界するまで、変わらぬ愛を注ぎ続けた。トラウトゾン侯夫人は、フランツの娘への愛情を物語るエピソードを記している。

「皇帝は明日ホリーチにいらっしゃいます。（中略）マリアンナ大公女はご自分と同じ名前の聖人の日を祝われ、皇帝は八〇台のミュゼット〔ふいご式のバグパイプ。あるいはミュゼットで奏でる牧歌的な曲や舞踊〕の音楽に合わせて、エスクラヴォン人[18]を踊らせました。舞踏会がお開きになって大公女がお帰りになろうとすると、先頭の者がお手に接吻して花束を差し上げたいと申し出ました。大公女は足を止めると、手を差し出して接吻を受け、お礼を述べられました。贈られたのはたいそう大きなグラジオラスの花束で、大公女はお付きの女性たちに渡して、この美しい花をきちんと世話するようにとおっしゃいましたが、すぐに、花を自分に渡したのは、スラヴォニア人に変装した皇帝陛下だと気が付きました。花束の中心には、大きなブリリアントカットのダイアモンドが二四個もありました。大公女がこの予想外の出来事にどれほど戸惑い、喜ばれたか、想像なさってみてください」[19]

マリアンナは心から父を慕い続け、その死に打ちのめされた。「神はあまりにも突然に恐ろしいやり方で、あんなにも愛していた父を私から取り上げてしまわれました。父は私の唯一の支え、唯一の喜びでしたが、神はあっけなく奪ってしまわれました。父の死に私は打ちのめされ、すべての喜びや楽しみは、一年の間止まってしまいました。この一年、私は何とも気の滅入るようなことばかりを考えていました。正直に申して、悲しみのあまり、こうした考えを頭から追い払えませんでした」[20]

母とはかなり隔たってしまったが、その一四年後に母が他界したときには悲しみに沈んだ——周りからは「普通の」悲しみだとされたが。母の最期の日々と死について書き残した文章からは、彼女が「最高の母」[21]と呼んだ女性の死に際しての、ごく自然な悲しみが伝わってくる。こうした言葉は、儀礼的なものだったのか、あるいは状況に合わせたものだったのか。いずれにせよその数か月後、マリアンナはウィーンを去って、クラーゲンフルトの修道院に身を寄せた。心には一片の悔いもなく、あれほど望んだ知的生活を存分に送ろうとの決意を固めていた。

ヨーゼフ——傲慢な男の子

マリア・テレジアはヨーゼフを授かる前に女の子三人を産んだが、ロレーヌ〔ロートリンゲン〕宮廷では物笑いの種にされていた。スタンヴィル侯爵夫人はマリアンナ誕生の知らせを聞いて、「大公妃のあきれた出産」を話題にし、「あの陰気なドイツ女が女の子しか産まないとは嘆かわしいこと。愚かな彼女のことだから、一〇〇歳になるまで女の子を産み続けるでしょうね」と口にした[22]。

ヨーゼフが生まれたのは、一七四一年三月一三日。当時はプロイセン国王フリードリヒ二世との軍事衝突の真っ最中で、両親も宮廷もハプスブルク家を慕う国民も男子誕生に大喜びし、大いに胸をなでおろした。この子は一六八五年生まれの祖父カール六世以来、男子の世継ぎとしては初めて成年に達することになる。民衆は教会の鐘を鳴らし、待ちに待った男の子の誕生を嬉々として祝った。ヨーゼフは生まれると同時に小さな王のごとく遇され、両親、アヤ、奉公人たちから大事にされ、手に入らないものはなく、わがままのし放題だった。大人の一歩を踏み出す七歳になる頃には、甘やかされて、怠け者で傲慢だともっぱらの噂だった。将来のヨーゼフ二世は生涯、各国の大使たちの話題の的であった。大使たちの残した記述はたいてい似たり寄ったりだが、中には読む人をうならせるような内容のものもある。ヨーゼフについて現存する最初の記述を残したのは、フリードリヒ二世から派遣されたポデヴィルス大使で、一七四六年六月にウィーンに着任し、数か月後にはフリードリヒ二世に命じられて、皇帝、女帝、世継ぎについての報告をしたためた。ヨーゼフは六歳になったばかり。大使の筆は一見客観的に見えて辛辣だ。

「ヨーゼフ大公は年の割には大柄ではありませんが、大変体格がよく、器量よしです。（中略）表情は尊大で傲慢。物腰も同様です。周りの者はこれを直すどころか助長し、オーストリアの名家特有の昔ながらの尊大さを最大限伸ばすべく育てています。皇帝は人々に

〔礼儀正しく〕三人称で話しかけるのに、彼〔ヨーゼフ〕は誰に対してもなれなれしく話します。ただし彼が人に話しかけることは稀で、かなりの地位にある人やご婦人方にしか声をかけません。すでに自分の身分をずいぶんと鼻にかけており、先日もある者に、そちは余の不興を買ったと言い放ちました。誰にでも、ご婦人方にさえも、接吻をさせるために手を差し伸べます。

聞くところによれば、彼はある日祖先の肖像画があちこちに飾られた部屋で、『これが皇帝、こちらは皇帝だったおじいさま（レオポルト）、こちらは皇后の何某』と言いながら向きを変え、傲慢な風情で『こちらは一介のロレーヌ公と公爵夫人』と言い放ったそうです。実のところ、皇帝はこうした尊大な態度を正そうとしているのですが、息子可愛さに強く言えない上に、誰もがこの子の傲慢さを助長しようとしているのです。

彼は執拗で頑固で、謝るくらいなら、部屋に閉じ込められて食べ物を与えられない方がましだと思っています。皇帝と女帝が過度の愛情を注いでいるせいで、この子の性格を強く左右するであろう欠点を徹底して直すことができません。

彼が好きなのは軍事だけで、軍事に関するものしか評価しません。これが高じて、士官やその奥方にしか言葉をかけません。勉学には一切興味を示さず、知らないと恥ずかしいごく一般的な事柄を教え込むのさえ、一苦労でしょう。周りの者からフランスへの敵意を植え付けられ、そのためにフランス語を学ぼうともしません。（中略）彼が皇帝陛下（フリードリヒ二世）への憎しみを教え込まれたとか口にしたということは、一切耳にしておりません。彼は鷹揚で、昨年女帝がシェーンブルン宮殿で（カード）遊びに興じていたときには、（ヨーゼフは）しばしばその金を手に入れて、貧しい士官や兵たちに配っていたそうです。

彼が才知に恵まれているかどうかを見極めるのは、今のところ難しいのですが、何らかの大きな才があるようには見受けられません。彼について言われていることやほめられている点からすると、想像力に乏しく、洞察力も、鋭い思考の組み合わせも一切見られません。（中略）

彼はまだ女性たちの世話を受けています。（中略）あまりにひどい教育と、両親の甘やかし具合からすると、彼が偉大な君主になる可能性はないと見ていいでしょう。女帝は祖先たちの受けた教育法に反対しながらも、結局は同じ教育を子どもたち、とりわけこの息子に施しています」[23]

この記述は部分的には真実ではあるが、ヨーゼフや彼の両親への悪意も少なからず含まれている。幼いヨーゼフが傲慢だったことは確かで、一七四八年に「成人」したときも、彼の教育係や教師に進んで名乗りを上げる者は一人もいなかった。皇帝から信頼されていた侍従ケーフェンヒュラーも白羽の矢を立てられたが、皇帝のもとを離れたくないし、自分には荷が重すぎる職だと言い訳してこの名誉を断った[24]。彼は宮廷顧問フェルディナント・ボナヴェントゥーラ・フォン・ハラハ（一七〇八－七八年）を推したが実現せず、やはり皇帝に近いメダル研究家で帝室メダル・硬貨収集室長を務めるヴァランタン・ジャムレ＝デュヴァルも、歴史の副教師の職を辞退し[25]、結局バッチャーニ元帥がこの重責を引き受けた。

だが皇帝夫妻、特にマリア・テレジアに対する執拗な批判は不当にも思える。二人ともポデヴィルス大使に指摘されるまでもなく、アヤたちに甘やかされ放題の息子の耐えがたい欠点を直さねばならないことは充分承知していた。一七四八年にバッチャーニ伯爵に宛てた指示の中で、マリア・テレジアが息子の性格を的確に叙述したことはすでに見た通りで〔58頁参照〕、「気遣いとは無縁の、粗野に」振る舞う息子の不快で到底容認できない反抗的な態度を指摘している[26]。常日頃、子どもたちには周りの人、特に自分に仕える人たちには敬意をもって接しなさいと説いていたマリア・テレジアが、ポデヴィルス大使が言うように、ヨーゼフの欠点を大目に見ていたとは考えにくい。それどころか、強情で罰を受けても平然として折れない息子を前に、「途方に暮れている」とこぼしている。当時の宮廷の習慣に反して、後継ぎである大公にむちをくれてやろうかと思ったことさえあった[27]。一七四六年にウィーンにやってきたチャールズ・オガラ伯爵は、フランツ・シュテファンの妹アンナ・シャルロッテ宛ての手紙の中で、フランツも息子の欠点を見抜いていると記している。彼がリュネヴィルのロレーヌ宮廷に送った手紙によると、皇帝は幼いヨーゼフについてオガラ伯爵に、「あの子は意地が悪い」と漏らしたそうだ[28]。

フランスはそれまでのオーストリアとの取り決めを踏みにじって、プロイセン国王フリードリヒ二世と手を組んだ。こうした背景から一七四六年の時点で、ヨーゼフがフランスに敵意を抱いていたという話は本当かもしれない。だが、その後もずっと、宮廷の公用語であるフランス語の学習を拒否したという説は信頼性に欠ける。三年後、代理公使としてウィーンに派遣されたブロンデルは、ヨーゼフとの初めての謁見について次のように報告した。「挨拶の言葉を終えると、彼は私に国王やご一家のことについて、たくさんの質問をしました。彼は八歳で、人好きのする容姿で、快活で、フランス語がとても堪能です」報告には、帝室の子どもたちは全員、「フランス語とドイツ語を話します」ともある[29]。

両親にとって、世継ぎの教育は順調とは言いがたかった。前述の通り一二、三歳頃のヨーゼフは反抗的で、母はなすすべもなく、どの聖人に加護を頼ればいいかと途方に暮れていた。だが母と息子は、きわめて強く激しい情熱的な絆で結ばれていた。こうした関係は一五年におよぶ共同統治を通じて一層深まり、マリア・テレジアの死まで続いた。ただし母も息子も、単独統治できたらどんなにいいかとは思っていたが。それでも、ヨーゼフが最初にマリア・イザベラ・フォン・ブルボン＝パルマと結婚した一七六〇年から、フランツ・シュテファンが他界する一七六五年にかけては穏やかな時期で、息子は母に全面的に服従していた。彼は、自らに定められた権力を体現する母を愛し、感嘆した。一方父については、死後に手厳しい批判を向けている。ヨーゼフが自己投影するには、父は男らしさや力強さに欠けていた。幼い頃から軍事に熱烈な関心を向け、高じてハプスブルク家の仇敵フリードリヒ二世を賞賛し、彼を真似たいとまで夢見たヨーゼフにとって、父は軍人としては取るに足らず、政治的力も持っていなかった。

マリーあるいはミミことクリスティーナ――お気に入りの娘

クリスティーナは母と同じく五月一三日に生まれた。彼女の幼少時代や、少女時代までの母との関わりについてはほとんどわかっていないが、他界するまでの一五年間、マリア・テレジアはこの娘をことのほか可愛がり、心なぐさめられた。ミミことクリスティーナが九歳のとき、女帝はハンガリーとボヘミア旅行についての手紙を三通書き送ったが[30]、それ以外に二人の特別な関係を示す痕跡は一切ない。この点、マリアンナとはずいぶんな違いだ。クリスティーナは育てやすい子で、両親の手をほとんど煩わせなかった。彼女に関する数少ない証言の出所は主に帝室外からで、特に外交官たちは職務上、帝室全員の病気を報告する義務を負っていた。駐ウィーンザクセン全権公使は、一七五〇年七月にドレスデンに外交文書を送り、八歳の大公女が痙攣を伴う病気にかかったと報告している。報告書からは、皇帝夫妻が上の三人の子との旅行を計画していたが延期したこと、シェーンブルン宮殿が緊迫した雰囲気に包まれていたことが読み取れる。「皆、この大公女のことを案じているに違いありません。特に皇帝陛下は、ある意味でこの子を偏愛しているのでなおさらです」[31]との意外な言葉まで記されている。マリア・テレジアの感情には言及がなく、その後のタルーカの手紙も同様だった[32]。

クリスティーナが再び話題の的となるのは、ようやく一七五六年になってからのことだ。当時大公女は一四歳だったが、すでにはっきりした性格の持ち主だった。トラウトゾン侯夫人が「マリアンナの首席家庭教師」に任命された一件は、この点を物語っている。幼い頃から夫人に育てられたクリスティーナはあるとき、アヤを変えてほしいと母に頼み込んだ。ケーフェンヒュラーによれば、彼女は「トラウトゾン侯夫人に少しも好意や信頼を寄せておらず、女帝はやむなくこの交代を認め、娘を元帥の未亡人バスケス夫人に任せた」というわけだ[33]。新しく養育係に任命された夫人は、ミミの一生の大親友となった。

その一年後、クリスティーナは天然痘を患った。おそらく兄ヨーゼフからうつされたのだろう。兄は数週間前に発症し、重症化した。宮廷中が世継ぎの病状に気を揉み、噂し合ったことは言うまでもない。しかしこれをきっかけにクリスティーナは、公の文書で言及されるようになる。当時の様子からすると、彼女はさなぎが蝶になるように成長し、宮廷で重要な位置を占め始めたようだ。カロリーナ・フォン・ケーフェンヒュラーの書簡にはこう書かれている。「宮廷では誰もが戦々恐々としています。今朝、マリア大公女が天然痘を発症されたのです。(中略)大公女ご自身にも、その美しいお顔にも、大変残念なことです。

というのも、大公女は信じられないほど麗しく成長され、人を惹きつける感じのよさを備えていらっしゃるからです。すべての外国人はその魅力にうっとりとしています」[34]

幸いにも、ヨーゼフと違ってクリスティーナは軽症で、容貌も衰えなかった。マリア・テレジアは娘の回復を喜んだが、自身はこの感染力の強い病気にかかったことがなかったので、再会までに六週間待たねばならず、不満を漏らした[35]。娘に対する母の愛情が周囲の目にも明らかになり始めたのは、クリスティーナが花開くつぼみのように成長したこの時期だったようだ。

一七五八年、クリスティーナは一六歳になり、そろそろ結婚を考える時期が来た。スペイン国王フェルディナンド六世の妻は死が近いと噂され、再婚相手は誰かとヨーロッパ中の宮廷が見守っていた。フランス大使は、女帝とこの件について三度話したが、マリアンナには生まれつきの障碍があるため、クリスティーナが唯一の候補者と目されていた。しかし女帝は当初からその可能性を否定し、娘は「あのように厳格な宮廷に入るには、あまりに快活で若すぎます」「娘たちとは離れたくありません」と語った[36]。

二か月経つ頃には、スペイン王妃の他界はもはや時間の問題だった。そこで大使は再び女帝に探りを入れた。「カトリック王〔スペイン国王〕からの希望があった場合、女帝陛下は娘を差し出すことに嫌悪感を抱いているようです。その場合の候補者はたった一人、二番目の娘ということになりますが、皇帝夫妻が最も愛しておられるのはこの娘なのです。この娘は、性格も容姿も愛らしく、皇帝夫妻はこの子と一緒に過ごすことを心から楽しんでいます」[37]との報告が残っている。

スペイン王妃が八月二七日に他界して一週間後、マリア・テレジアは、クリスティーナをスペイン国王のもとに嫁がせる気はないと明言した[38]。

理由は娘の快活さや若さではなく、スペイン宮廷の雰囲気や慣習があまりに陰鬱だからで、女帝は、国王が半ば錯乱状態にあるような宮廷に娘をやるくらいなら、ヨーゼフの許嫁《いいなずけ》で評判の高いマリア・イザベラ・フォン・ブルボン＝パルマとの婚姻をあきらめる方がましだとさえ口にした。

のちに「ミミ」の結婚が決定的なきっかけとなって、母娘関係はかつてないほど愛情に満ち、親密になったが、同時に年の近い姉妹たち——姉マリアンナ、妹エリーザベト、アマーリア——の間に嫉妬が生まれた。当初、結婚話の雲行きは怪しかった。

一七五七年冬、クリスティーナはウィーン滞在中のヴュルテンベルク公ルートヴィヒ・オイゲンに恋し、結婚を望んだ[39]。公はマリア・テレジアから「個性的」と評されていた人物で、大公女の相手としては身分が低く、放蕩者だった。母は結婚に反対し、公を宮廷から遠ざけた[40]。当時、女帝はショワズールに「上の四人の娘は決して結婚しないでしょう。娘にふさわしい相手が見つからず、私もあきらめました」と述べている[41]。

幸いにも女帝は考えを変え、可愛いクリスティーナが最初に結婚することになる。将来の夫となるアルベルト・カジミールはザクセン選帝侯の息子だが、長男ではないため、大した未来も期待できず、心もとない。そこでクリスティーナは親友で義姉でもあるマリア・イザベラから貴重な助言を受けた。義姉は、両親に気に入られるための、そして望みのものを母から引き出すためのヒント、すなわち「幸せになるために選ぶべき道」[42]を示した。心理観察に長けた彼女は義母を注意深く観察し、いかに母から無条件の信頼を得るか、どのような話し方や接し方をすべきかをクリスティーナに教えた。一種の人心操作術の手ほどきだが、これが大きな功を奏した。何しろミミは母が亡くなるまで、あらゆる望みのものを際限なく手に入れたのだから。

さかのぼって一七六〇年二月末、一介の武官アルベルト・カジミール[43]が軍隊に仕官するためにウィーンにやってきたときは、クリスティーナは大して気にもかけなかったが、女帝は違った。彼はミミの興味をひく以前に、彼女の母から多大なる好意を寄せられるようになった。クリスティーナがようやく彼のことを意識するようになったのは、一七六四年のことだろう。皇帝はサルデーニャ国王カルロ・エマヌエーレ三世とエリザベッタ——フランツ・シュテファンの妹で、すでに他界していた——の息子、シャブレー公爵と娘との結婚を希望していたが、マリア・テレジアはレオポルトがインスブルックで結婚した一七六五年夏、娘とひそかに協力して皇帝の思惑を阻止した。

この夏、マリア・テレジアは突如として夫に先立たれたが、一七六六年四月には二四歳のミミと彼女の愛する男性との結婚を整えた。マリア・テレジアはこの婿を気に入り、彼に宛てて「あなたのことは我が子同然に可愛いので、娘をやることができるのです」と書き、結婚後も「私は、あなたの愛するミミと同じくらい、あなたのことも大切に思っていますす」と記した[44]。

こうした恋愛結婚は後にも先にも例がない。ミミを除いて、女帝の子どもたちは一人として自分で結婚相手を選べなかった。この「二つの心の結びつき」[45]は嫉妬の的となり、バイエルン公使ケーニヒスフェルトが本国の大臣バウムガルテンに知らせているように、早くも一七六四年夏にはマリアンナが不満を漏らしている。「上の大公女は、アルベルト殿を妹君から引き離したいと思っていますが、アルベルト殿は全く気付いていません。(中略）もうずっと以前から、彼の目は二番目の大公女に向けられているのですから」[46]

若夫婦はハンガリー総督としてプレスブルクに移り住み、アルベルトはテッシェン公となった。女帝は夫婦の望みとあらば、何でもかなえた。

エリーザベト――天使？　悪魔？　制御不能な問題児

母について旅行していた幼い娘は、まるで天使のようだった[47]。けれどもそれはこの子の一面に過ぎない。エリーザベトは上の三人の娘の中では一番年下で、クリスティーナ同様、大して母の手を煩わせなかった。それでなくても、マリア・テレジアは、マリアンナのことで手一杯だったのだ。一四歳になるまでエリーザベトの面倒を見たトラウトゾン侯夫人は、決して不平を口にしなかった。だがコピノー夫人が着任する頃には、この子の反抗的で、ぶっきらぼうで、時に残酷な面、反省などとは無縁の性格が明らかになり始めていた[48]。宮廷に上がり女帝にお目通りして晴れがましいコピノー夫人は、エリーザベトに向けられた数々の批判にも気を留めなかった。どうやら夫人は新しく女主人となった大公女に会うや、その率直さや明るさや快活さに魅せられたようだ。

「今も大公女にはとても満足しています。皆さまは私に、大公女は最初のうちこそおとなしくしているが、そのうち慣れてきたら遠慮などしないだろう、とおっしゃいます。（中略）皆さまから聞かされた悪評をご本人にお伝えしましたが、それでも大公女のお心映えについて私の理解は一切変わらないこと、けれども大公女の機知や皮肉好きの性格が災いしてたくさんの敵を作っているようだということ、言動にはもう少々気を付けねばならないこと、大公女ももうかなりの影響力を及ぼすお年になられたこと、大公女のなさったしくじりも（中略）私からすれば取るに足らぬことなどを申し上げました。（中略）大公女は私の首に抱きついて、とても優しく接吻なさりながらこうおっしゃいました。『大好きなコピノー夫人。きっと神さまは、私が変わるようにと貴女を遣わしてくださったのね』。（中略）大公女は欠点を直すのはとても骨が折れるだろうが、できるだけ努力してみるし、しっかり反省するとおっしゃいました」[49]

こうした約束やコピノー夫人の努力もむなしく、エリーザベトの態度は変わるどころかますますひどくなった。成長するに従い手に負えなくなり、わがままや人をあざける癖が自分でも直せず、歴代のアヤたちを疲弊させた。

前述のように、一七六一年以降彼女の面倒を見てきたトラウトマンスドルフ夫人もその一人で、ずいぶんと手を焼いた〔51頁参照〕。エリーザベトは夫を亡くしたハイスター夫人をも「耐えがたいほど」愚か[50]と言い放ち、マリア・テレジアはネーデルラントからヘルツェル侯爵夫人を呼び寄せた。一七五九年に三〇歳で夫に先立たれた夫人の人格や善良さはすこぶる評判がよく、一七六一年から六三年秋にかけ三年近く、女官長としてエリーザベト付きの奉公人を取り仕切った。エリーザベトはこの新参の女性を気に入ったようだが[51]、夫人は健康状態を理由に――本人曰く「ウィーンの気候に耐えられない」――、離職を申し出た[52]。実際のところ、周りの者たちはエリーザベトの気まぐれに振り回されてばかりで、ある日は感じがよいと思ったら、翌日にはとても不愉快になり、どう扱うべきか誰もわからずお手上げ状態だった。しかもマリア・テレジアも書いているように、不可解な行動も周りを当惑させる一方だった。「エリーザベトは三〇時間もの間一切口をききませんでしたが、その後普通の態度に戻りました。私は昨日、彼女とヘルツェル夫人とロドロン夫人と一緒に四時間過ごしました。（中略）彼女に関する貴女の考えは多分に間違っていると思います。というのも、彼女のことは病気だと思って憐れんでやれこそすれ、ぞんざいに扱ったりなどしてはならないからです。（中略）詳しいことは直接お話ししましょう」[53]

ヘルツェル夫人が離職して数週間後、エリーザベトは彼女に近況を書き送った。「両陛下は私の態度に満足されていらっしゃいます。私はそのことをとてもうれしく思いますし、貴女にもぜひお知らせしたいと思いました。貴女は私に関するすべてのことに興味を持ってくださいますし、私にとっても、優しいお心遣いを示してくださるお父さまとお母さまを喜ばせることが、最上の幸せなのですから」。一方マリア・テレジアは、数行「今のところ万事うまくいっていますが、安心はできません。私はあまりに多くの経験をしてきましたから」と付け加えている[54]。

母の見立ては正しかった。小康状態は長続きせず、一か月後にはすべてが一変した。「二週間はうまくいっていました。私はありったけの心配りと寛大さをもって娘を友として扱い、自由を許しました。しかし残念ながら、今月に三日間開かれた祝宴で娘はすっかりのぼせて、今まで抑えられていた面が一気に戻ってきました。一五日から状況は変わりません。私は娘を気がふれた者として扱うことにしました。娘には心して接せねばなりません」[55]

エリーザベトは天使だったのだろうか。それとも悪魔だったのだろうか。かたやレルヒェンフェルト夫人は地獄を見たくないがために一七六三年に養育係の職を断り、かたやトラウトゾン侯夫人は彼女の美しさや子ども好きな性格を言葉で言い表すことなどできないと手放しでほめた。「エリーザベト大公女はとても美しく、輝かんばかりに快活で魅力的で、人を惹きつける明るさをお持ちです」[56]。エリーザベトがヤヌス〔ローマ神話の二つの顔を持つ神〕のように二つの顔をあわせ持っていたことは事実で、タイミングと相手次第でころころと態度が変わった。残念ながらマリア・テレジアは娘たちの美貌や魅力には一切言及せず、成人したエリーザベトの長所についても一言も書き残していない。それでも娘が一五歳になると、スペイン国王フェルディナンド六世との婚姻の可能性を模索した（クリスティーナの夫にはふさわしくないと断じた相手である〔83頁参照〕）。駐ナポリフランス大使はオーストリア大使との会話を報告し、「フィルミアン〔オーストリア大使〕の見立てでは、女帝はスペイン国王に大公女たちとの結婚を打診することは一切ないだろうが、国王が望むなら、喜んで三女〔エリーザベト〕を嫁がせるだろうとのことです」と記した[57]。これが本当なら、女帝はこの手に負えない娘を片付けるのにやぶさかではなかったということになるが、そう断じるのは拙速というものだろう。それはその後の二人の関係からも明らかである。

カール――威張り屋の秀才

次男カールの誕生に両親は大喜びした。万が一ヨーゼフが夭折したとしても、ハプスブルク家の安泰は保証されるからだ。けれども幼いカールは病弱で、果たして生き延びられるのだろうかと周囲は気を揉んだ。のちにトラウトゾン侯夫人となるカロリーナ・フォン・ハガーは妹に宛てて、「カール大公（当時二歳）は食べて、飲んで、眠っているのに、日に日にやせ細っていき、ひどく衰弱しています」[58]と書いている。その三年後、五歳になったカールのために開かれた宮廷の大宴会に出席した駐ウィーンザクセン公使は、「大公は以前は病気がちで、長くはもたないだろうと思われていましたが、ここ一年は大変に元気がよく、ヨーゼフ大公にも劣らぬほど活発です」と報告した[59]。後任のフレミングも同様に、「カール大公は病気がちだったため（七歳にしては）小柄ですが、整った容貌で強烈な機知をお持ちです。女帝陛下は人には見せまいとしていらっしゃいますが、ほかのご子息よりもこの子がお気に入りのようです」と記した[60]。

隠そうとしてもにじみ出てしまうこうした偏愛は、マリアンナの時と同じく、命も危ぶまれるほど病気がちだった子への母性愛の表れだろうか。あるいは単に、カールが兄弟の中で一番の秀才で、愛らしかったからだろうか。だがマリア・テレジアは息子の欠点が見えていなかったわけではなく、バッチャーニ宛ての指示では手厳しくかつ詳細に指摘している。曰く、息子は礼儀正しく誰にでも親切だが、強情で理屈っぽい性格は直さねばならない[61]。しかし両親も周囲もヨーゼフに何かあった場合の世継ぎとしてカールを扱っていたので、こうした指示は大した効果を発揮しなかった。ザクセン公使の公用文書も、この点を指摘している。「モデナ公女は、カール（八歳）ではなくレオポルト（六歳）と結婚させるのが妥当だ、と考えられています。と申しますのも、ヨーゼフに万が一のことがあった場合、イタリアの公女ではオーストリア君主の世継ぎのお相手としてはふさわしくないからです」[62]

ヨーゼフ同様カールも何不自由なく育ち、ヨーゼフは、自分よりも優秀で人を惹きつける力を持つ弟に激しい嫉妬心を燃やした。弟の方が両親に愛されていることを感じ取ったのかもしれないし、カールが長男だったら、とささやき合う宮廷人の声が耳に入ったのかもしれない。やがてカールは自信過剰になり、礼儀正しくて親切だった子どもは、一四歳になる頃には高慢で怒りっぽくてうぬぼれの強い少年になっていた[63]。一七五九年二月一日の誕生日には、「［カールは］お祝いの言葉を一切受けませんでした。というのも、それにふさわしいだけの態度ではなかったからです。実際のところ、両親はこうした罰を与えることで大公を抑えつけようとしています。この幼い大公の奉公人たちに対するもったいぶった調子といったら、絶対に容認できないほどで、不愉快で人を傷つけるような言葉を投げつけるのです」との報告が残っている[64]。

この公然たる侮辱の一件から数か月が経った頃、シェーンブルン宮殿滞在中のマリア・テレジアと夫は、ウィーンに残っていたカールに天然痘の初期症状が出たとの報せを受け取った。彼女はすぐに戻ることにした。「皇帝は何とかしてシェーンブルン滞在を伸ばそうとしましたが、奥方（女帝）は頑として受け入れず、愛する息子とこれ以上離れていたくない、病状について一刻も早く報告を受けたいと言いました」[65]。翌日、ケーフェンヒュラーは息子ジギスムントに宛てた手紙で、「今のところ、順調に発疹が出て、病気は軽く済むだろうと予想されます。（中略）それでも、――あなたも知っているように――ご両親にとって何にもまして大切な愛すべき大公についても（中略）、素晴らしい母君についても、我々は案じております。女帝は〔病気から〕自分の身を守ろうとしないのですから、私は心配で身震いせずにはいられません」と書いている[66]。

不安な数日が過ぎる頃、カールの容体は回復し、両親や兄姉たちは感謝の祈りをささげてテ・デウム〔神への感謝を表す賛歌〕を斉唱した。だがその後一年もしないうちに、カールは再び病床に臥し、一七六一年一月一八日に他界した。原因は壊血病だった。三週間以上息子につきっきりだったマリア・テレジアの胸には、希望と絶望が交互に押し寄せた。ベンティンク夫人の一月一三日付の手紙には「今日はあまりに悲しく、苦しく、むごい一日でした。(中略)もう少ししたら、カール大公は終油の秘跡を受けますが、今夜もつかどうかもわかりません。(中略)女帝の心中をお察しください。女帝こそはこの世で最も優れ、最も優しい母君です。(中略)大公は、皇帝と女帝からこの上なく可愛がられ、偏愛されてもいました。(中略)私たちは皆、今後起こることと、繊細な女帝のお気持ちを考えては、お気の毒で震えております。当地の教会の葬儀では、皇帝ご一家、すべての宮廷人や貴婦人や貴族は礼服を着用の上、聖体顕示台に従って教会から死の床まで歩かねばなりません。この悲惨な行進や喪服は何ともむごく、どんなに無感動な人でも心を打たれずにはいられません。あれほどお優しい哀れな母君がどれほどの心痛にさいなまれるか、想像してみてください」とある[67]。

それでもカールは数日間生きながらえ、死の前日にも快方に向かっているかのような様子だった。マリア・テレジアはタルーカに、胸に芽生えた希望を打ち明けている。「最初の半時間は手が震えた、と言えば、想像がつくでしょう。午後になる頃には、神は頼もしいファン・スウィーテン医師の治療と薬を祝福され、大切な息子を引き留めておけるのではと希望が出てきました。こうした苦悩の中でも、この子にはずいぶんと心なぐさめられました。先ほどまでは何ともなかったのですが、今はうれしさと恐れに涙しております。私はすっかり弱っており、椅子に座っているのもやっとです」[68]。だが、ベンティンク夫人は悲痛な面持ちで母にこう書き送ることになる。「哀れなカール大公は病に臥せってから二四日後、皆が回復の希望を持ち始めた矢先に亡くなられました。女帝は悲しみに打ちのめされています。不安に押しつぶされそうな日々を過ごされた後、ご子息は助かると安堵して横になられました。ところが目を覚ましてみると、大公の死を告げられたのです。女帝は毅然とされ、感じやすいお心と模範的でまことに立派な信仰心をお示しになっています。（中略）優れた母親の中でも、女帝はひときわお優しく、秀でた方です。（中略）おそらく、お子さまたちのうちでもこのご子息を一番大切にされていたのでしょう」[69]

　マリア・テレジアは長い間カールの喪に服した。もしかすると、ほかの子たちが亡くなったときよりも長かったかもしれない。「息子の死は決して心から離れないでしょう。周りの方々が忘れても、私の中ではますます強まっていくでしょう」[70]。彼女の苦悩が和らぐのは、カプツィーナー納骨堂〔ウィーン、カプツィーナー教会地下にある帝室納骨堂〕に息子の墓参りをするときだけだった。「私は二晩眠れませんでした。あまりに動揺が激しいので瀉血を考えましたが、こちら〔納骨堂〕

で愛する息子の墓の前に来ると、落ち着きました。言い表せないほどの優しいなぐさめを感じ、後悔の痛みも和らぎます。なぐさめが穏やかな心と交わるのです」[71]。彼女はさらに二人の娘を亡くすことになるが、このときほど悲しみに満ちた母の顔を見せることはなかった。

アマーリア――反逆児

アマーリアの幼少期についても、母がこの子にどんな気持ちを寄せていたかも、現在わかっていることはほとんどない。たった一つだけ残っている文書には、反抗的な場面が記されている。当時九、一〇歳だったアマーリアは、浣腸が嫌だと暴れてけがをしたらしい。母は「アマーリアのことを聞いて、案じています。浣腸のせいで、膿瘍や瘻《ろう》になるのではないかと心配です。（中略）これも強情の招いた結果です」[72]と書いている。

姉のグループとは年が離れていたアマーリアは、カールやレオポルトと共に育てられたが、両親の注意はさほど引かなかったようだ。彼女のことがようやく話題になるのは一七六〇年、エリーザベトと育てられることになってからのことで、それもあまり好ましくない内容だった。二人の女の子たちの養育を女帝から打診されたレルヒェンフェルト夫人は、赤裸々に心中を吐露している。「エリーザベトさまとアマーリアさまのところは最悪の状態で、お勤めするなど絶対に無理です。健康も評判も犠牲にせねばならないでしょう。私がこちらに来てから、エリーザベトさまは八人目の女官長の世話を受けています。これに耐えて勤め上げた方は一人もいません。アマーリアさまもずいぶんと周りを悩ませたようで、一〇年勤めたローゼンベルク夫人は、この春嬉々として離職し、ホルンで修道院に入られます。この混沌とした状態を見れば、よくわかるでしょう。今日は静かだったかと思えば、別の日にはやりたい放題、違う日にはおっとり、というわけです。あまりにも豹変が激しいので、長続きする方はいません。よほど鈍いか、いじめに慣れていなければ無理でしょう」[73]

その二か月後には、「どうしてもお仕えせねばならないのなら、いつでも辞められて、役職はなしという条件付きです」と書いている。[74]

だが、エリーザベトにもアマーリアにも強力な切り札があった。宮廷の大祝宴で大公女たちが歌を歌い、バレエを踊ると、一同の目がくぎ付けになるのだ。ヨーゼフの再婚の祝典では、妹のヨーゼファやカロリーナと一緒に小オペラ曲を歌った。「エリーザベトとアマーリア大公女は、美声と歌の腕前を競っておいでです」「お二人とも際立って美しく、こうした娯楽を家族で楽しめる君主はこの世に二人といないだろうと噂されています。外国人たちは一様に興奮しています」[75]とトラウトゾン侯夫人は書いている。

多くの人がこの姉妹の美しさに夢中になったが、マリア・テレジアも果たしてそうだったかは定かでない。彼女の頭には、国益のための婚姻しかなかったことは確かで、早くも一七六六年にはブルボン家との同盟強化に向けて、アマーリアと若いパルマ公フェルディナンド一世の婚姻を計画し始めた。フェルディナンドはフランス国王ルイ一五世とスペイン国王フェリペ五世の孫に当たる。女帝は、トスカーナに駐在するローゼンベルク伯爵への指示をしたためた。「末の三人の娘たちには縁談がたくさん来るでしょうから、アマーリアはお相手よりも四歳年上ではありますが、パルマ公に嫁がせたいと思います。（中略）けれどもパルマの宮廷費は、今まで通りスペイン負担ということになります。こちらは娘アマーリアの手許金として年に三万フローリンを出すことしかできませんが、三人の末娘たちの一人をと言われた場合は、お断りするつもりです」[76]。アマーリアは年齢からして、さほど末娘たちより結婚相手を見つけるのが難しいだろうから、少ない持参金を付けて、さほどの権威もない、しがない公国に嫁がせるしかない、と暗に言っているのだ。ナポリ国王と結婚予定だった妹〔ヨーゼファ〕が一七六七年秋に他界すると、世間はアマーリアが代わりに嫁ぐだろうと考えた。トラウトゾン侯夫人もその一人で[77]、ケーフェンヒュラーも同意見だった。息子ジギスムント宛ての手紙には「哀れなヨーゼファさまは、そのうち忘れ去られることでしょう。誰もが、アマーリアさまが代わりになると予想しています。アマーリアさまは本当に妹君（カロリーナ）よりもおきれいですし、きっと妹君よりもナポリ国王のお眼鏡にかなうことでしょう。ヨーロッパにアマーリアさまよりも美しい姫君はいないと思いますし、年の違い（四歳差）もさほどのことではありません」[78]とある。

　アマーリアにとってこの縁談がチャンスであることは、誰の目にも明らかだった。だが一七六八年の年明け直前、プファルツ＝ツヴァイブリュッケン家のカール・アウグスト[79]が現れる。フランス大使は、到着したばかりのこの魅力的な若者は、エリーザベトに求婚しに来たのだと考えた[80]。彼は皇帝夫妻から手厚くもてなされ、謝肉祭〔復活祭に先立つ四旬節前の祭り〕の様々な催し物に参加し、アマーリアと同席した。「彼は大変な美男」[81]で、アマーリアが「この公子をとても気に入っている」のは明らかだった。当時の証言によれば、彼もアマーリアを「気に入っていた」ようで、皇族から下にも置かぬもてなしを受け、女帝もアマーリアには彼をと考えているようだとの噂が立った。だが実際は違った。そもそも、将来のプファルツ選帝侯と大公女では、身分が違いすぎる。それにマリア・テレジアはルイ一五世の孫に当たるパルマ公との縁談を破棄して、フランスの機嫌を損ねるようなことはしたくなかった。一七六八年九月、アマーリアとパルマ公は正式に婚約し、翌年六月に結婚式が挙げられた。ルイ一五世のスパイだったバルトは、母国の宰相ショワズールにこう報告している。「パルマ公との結婚を知らされたアマーリア大公女は、いつまでたっても大変な騒ぎようです。この結婚は彼女の意に沿いません(大公女はフランス人を毛嫌いしていた)。ツヴァイブリュッケン公子が意中の人と言われていたので、公子との縁談なら大公女も大喜びしたでしょう」[82]

カナーレ伯爵によれば、母から結婚について知らされた大公女は、「ひたすら涙を流しました。(中略)嘆き悲しみ、女帝の足元に身を投げ(中略)、パルマ公との結婚を自分に納得させるために、一年だけでも猶予をいただきたいと懇願しました[83]。(中略)大公女は大胆にも意志を曲げず、一生不幸になるだろうと確信しつつも、自分は母の絶対的な命令には従わないと言い張ったのです」[84]

兄ヨーゼフにもカール・アウグストとの結婚に反対され、アマーリアは母と兄への憤怒を募らせた。彼女は、姉クリスティーナが財力も将来もないザクセン選帝侯の息子との結婚を許されたことを、忘れてはいなかったはずだ。母娘の関係は緊張し、マリア・テレジアは「娘がパルマで（ヨーゼフと）会おうとしないのではないかと気が気ではありません。娘は冷たく、何とも横柄で教養もなく、やや頑固なところもあります。彼〔ヨーゼフ〕に説教されても、どこ吹く風です」と述べている[85]。

アマーリアはとうとう断念したが、これを最後に娘は母の意思に従うことはなかった。結婚の日が近づくにつれ、激しい頭痛に襲われるようになり、トラウトゾン侯夫人の書簡でも何度も言及されている[86]。結婚を四か月後に控え、食欲をなくし憔悴した娘を見て、マリア・テレジアは不安を募らせた。「娘は二二歳です。もう若さも輝きも失われました。（中略）あらゆる若い女性と同じく、娘も結婚を望んでいますが、お相手はパルマ公ではありません。娘は周囲から、公への偏見をひどく吹き込まれました。公は背中に瘤があって、機知に乏しく、ひどい生活とずいぶん貧相な住まいが待っていると思い込んでいます。（中略）娘は命令に従うつもりですが、正直なところ、こうした偏見を聞かされている娘が哀れで、手放すのにも気が引けます。貴公には早急に、公の容姿、健康状態、性格、当地の生活、公の収入について報告していただきたく存じます。また、貴公のご意見もあわせてお伝えいただきたく願います」[87]

一七六九年六月二七日にウィーンで代理結婚式が挙げられたことから見て、ローゼンベルクの「意見」は前向きだったようだ。トラウトゾン侯夫人によれば、アマーリアは蒼白だったという。マリア・テレジアはウィーンを出発する娘に、行動の指針にするようにと覚書を渡した。この覚書には、アマーリアは誰にでも気配りができ、大変親切ではあると認めつつ、その言動について厳しく指摘し、感じのよい振る舞いというものをわかっていないと書き連ねられていた。「そのために労力と注意が費やされてきたのに、貴女はそれをないがしろにしました。（中略）その気になれば、この何年かを有意義に過ごせたはずです。（中略）私からすれば、貴女には尊大で頑固なところがあります。いくつかの発言やずいぶんと的外れな行動のせいで、そんなふうに見られているのです。（中略）貴女のやや高圧的で朗らかさも愛嬌もない雰囲気も、そうした見方を強めています。（中略）口数を減らせば減らすほどよいでしょう。（中略）友人として言いますが、貴女の口の利き方を知っている私からすれば、ずいぶんと気に障る話し方です。（中略）貴女の欠点はドイツ語で考えることとです。（中略）女性たちに対しては、決して尊大になったり無作法に振る舞ったりしないこと。好意を遠ざけるような居丈高な物腰や傲慢な態度はご法度です」。そして、夫には従順に接し、とりわけ国事には口を出してはならぬと説いている。「貴女には知識が欠けていますし、統治の何たるかをわかっていません」[88]。さらに数々の訓戒が続くが、アマーリアはそのうちの一つとして守らなかった。

　パルマに到着早々、アマーリアは母の訓戒とは正反対に振る舞い、周囲をうんざりさせた。母から厳しい忠告が届いても、オーストリアから使いの者たちがやって来ても、耳を貸そうともしなかった。彼女は母から派遣されてやってきた最初の使者クネーベルにたびたび、「母は私を憎んでいるのです」[89]「兄弟たちの四分の一でも愛してもらえるなら」[90]どんなことでもする、と語った。クネーベルは母娘の対立を和らげようと、女帝に宛てて、「〔アマーリアは〕女帝陛下を心から慕っておられ、その愛情は激しいまでの熱情であることは、私が保証いたします。（中略）激高と言ってもいいほどです。（中略）無礼な態度は熱情のほとばしりであり、愛情表現のようなものです。（中略）私は、女帝陛下も大公女を愛しておられると確信しております（中略）。しかしながら、やや厳しすぎるように見受けられます」[91]と書いている。

　マリア・テレジアが母としてアマーリアにどのような感情を抱いていたのか、娘が母をどう思っていたのかを断言できる者はいない。だが、アマーリアが姉マリアンナを母のごとく慕っていたことは確かで、マリアンナも妹を可愛がった。もしかするとアマーリアにとって、姉は母代わりだったのかもしれない。姉は、「（態度を改めるよう）彼女を説得できる唯一の人物」[92]だった。

レオポルト――愛に飢えた男の子

レオポルトの誕生も大きな喜びを巻き起こした。君主に男の子が生まれるとたいていそうだ。だがこの子がいつの日かハプスブルク帝国を治めるだろうなどとは、誰も想像だにしなかった。一七五三年にモデナ公の娘と縁談が持ち上がったのも〔彼女はフェルディナントと結婚することになる〕、もとはと言えば兄カールの妻としては身分が低いと考えられていたからだ。このことからも、二人も兄がいるレオポルトが帝位に就くなど想定外だったことがわかる。レオポルトはマリア・テレジアに育てられた「年長」グループの最年少の子であり、年長の子どもたちとの距離はごく近かった。一方「年少」グループは、彼の後に生まれた末から六人の子どもたちからなる。この子たちは二つの戦争の間に生まれ、母からさほど手をかけられなかった。

カールと共に育てられたレオポルトに関して、女帝は取り立てて目立った言葉を残していない。アヨ、バッチャーニは当時五歳だったレオポルトの性格について、愛想が悪くて怠惰で無作法、と手厳しく批判した[93]。ケーフェンヒュラーは好意的な意見を記した数少ない者の一人で、カールとレオポルトの地理の試験に立ち合い、「幼いレオポルト大公は、年の割にひときわ目を引きました」[94]と述べている。

マリア・テレジアの考えが明らかになるのは、カールが没した――つまり、レオポルドがヨーゼフの後継者になる可能性が出てきた――一七六一年のことだ。彼女はこの子が「生来善良で、寛大で、情け深い心の持ち主で、（中略）高度に抽象的な事柄も含めて、物事を知りたい、探求したいという好奇心を備えている」[95]ことは認めているものの、それ以外については、長所をほめたかと思えば、歯に衣着せずこれを否定している。曰く、兄にも姉にも両親にも感情を表すことを知らない。マリア・テレジアは息子に、家族に対して「もっと率直に、心を開き」「とりわけ策略や遠回しな手段を用いて、私たちから何かを引き出そうとしないこと」と言い聞かせている。彼女の指摘によれば、レオポルトは「軟弱で怠惰」、行儀が悪く、ぎこちなく、粗野で無礼な口の利き方をする。誰にも挨拶しないし、話しかけもせず、身分の低い者たちに囲まれ、低俗で軽薄なことばかりにかかずらう。「息子は先入観にとても左右されやすく、過大に自己評価して、誰かに助言を仰ぐことも、助言に従うこともよしとせず、偏見からなかなか抜け出せない」。この子には武芸への興味と知識を授けるべきだ、と女帝は唱えた。「こうした身分の皇族が君主の役に立ちたい、世間で名を成したい、私からの寵愛を受けたいと思えば、これが唯一の道です」[96]と。

その一年後、トゥルン伯爵はレオポルトが進歩したと述べ[97]、「九か月で」[98]遂げた成長を詳細に記しているが、それでも母子の距離は縮まらなかったようだ。レオポルトが結婚して、大公としてトスカーナに移った後も、マリア・テレジアは、アントン・フォン・トゥルン[99]に、次いでボッタ〔ボッタ・アドルノ侯爵〕の後任としてレオポルトに仕えたローゼンベルクに不満を漏らしている。当時レオポルトは一九歳で、一国を統治するにはあまりにも若かった。彼女は、息子は好き勝手に振る舞う、母に心を開かない、愛情も信頼も示さないなどあれやこれやと批判し、息子がおべっか使いに乗せられて暴君になってしまうのではないか、はたまた軽薄で享楽的な君主になってしまうのではないか、と危惧した。「私は息子のことをよくわかっています。息子は粗暴で（中略）、ずいぶんとうぬぼれています。（中略）この秘かな慢心のせいで、有益な人や、対等あるいは目上の人からの助言を嫌がるのです」[100]。レオポルトは母と距離を置き、五日間も手紙を書かなかった。このときもマリア・テレジアは、「息子の嘆かわしい習慣はよくわかっています。私に何も言うことはない、それどころか、周りから私に報告すべきだと言われていたことさえもあえて忘れていた、というわけです。私はてっきり、息子は単に億劫がって説明をしないのだと思っていたのですが、ほかの方々に対してはそうではないようで、私だけにこうした態度をとっているのです」[101]と嘆いた。我が子たちの生活を近くからあるいは遠くから当然のように指示していた女帝はこれをずいぶん不満に思い、レオポルトの性格は思っていたほど優れているわけではなく、「粗野で不快な面がある」と考えるようになった。

フィレンツェに派遣されたローゼンベルクは、何とか母子の間を取り持とうとした。レオポルトは周囲からは高く評価されているのに、マリア・テレジアはローゼンベルクとのおびただしい数の書簡の中で、息子は粗暴で批判に耳を傾けないと、手厳しい非難を雨あられのごとく降らせた。これに対しローゼンベルクは、彼のことを親切で感じがよいと擁護した。陰気で気難しい性格なのは事実だが――ただし女帝はこの点は気に留めていなかった――、人々に親しまれ、勤勉で、整然とした考え方をし、年長者のように安定していて善良で熱心だ、と。だが女帝は相変わらず、息子は粗暴で腹黒いと批判し続けた。レオポルトが妻を伴ってウィーンを訪問したいと希望したときも、「またお別れすることになるのに、わざわざ数週間再会することに何の意味がありましょう」[102]と答えた。結局、母と息子の関係は最後までこじれたままだった。母は子たちからの異論は一切受け付けず、息子は自由を手放すつもりはなかった。だがそんな彼女も何度か、「息子には多くの長所があり、堅実」[103]と認め、その数年後には、「大変見込みがあり、子どものうちで最も健康でした」とさえ述べている。[104]

ヨハンナ――賢く控えめな女の子

ヨハンナが生まれたのは、二人目のカロリーナが生後間もなく他界した二年後のことだ。マリア・テレジアは一〇度の出産で、もう子どもはほしくないと口にしていた〔66頁参照〕。望まれなかった子どもたちからなる二番目のグループの年長者だったヨハンナは六歳になるや早々に、一歳年下のヨーゼファと一緒にレルヒェンフェルト夫人の手にゆだねられた。マリア・テレジアは夫人に宛てた指示の中で、ヨハンナは頑固だが、「なかなかの長所」もあると書いている――ただし、どういった長所なのかは具体的には触れていない。[105]

ヨハンナも妹も二人目の母とも言うべき養育係を心から慕っていたようだ。彼女が八歳から一二歳の間に養育係に宛てた手紙は、決してすべてが自発的に書かれたわけではないにせよ、そうした愛情を物語っている。あるときは「貴女がまだ私のことを怒っているのを見ると、とてもつらく思います」[106]と赦しを請い、あるときは「私のためにも、私と同じくらい貴女のことを大切に思い、尊敬している方々のためにも、貴女がこれからも健やかでおられるよう、神さまに熱心にお祈りいたしましょう」[107]と誕生日を祝い、深い愛情を示した。レルヒェンフェルト夫人が一七六二年八月初旬にプラハに旅行した際に、ヨハンナから「貴女の不在はもう一世紀にも感じられます」と三日おきに送られていた手紙もこのことを裏付けている。

一七六二年八月、ヨハンナは初めてホリーチで保養中の両親と一か月過ごし、マリア・テレジアはレルヒェンフェルト夫人に宛てて熱心な口調で、「娘の振る舞いを見るにつけ、貴女を賞賛しないではいられません。娘は皆さま方からほめていただき、文句のつけようのない振る舞いでした。皇帝もとてもお喜びです。娘は当地での私の唯一の喜びです」[108]と報告しつつも、「私はほかの方々よりも少しだけ深く物事を見ますので、いくつか気になった点もありました。そのことについては、直接お話いたしましょう。娘が初めての外出で大変立派に振る舞い、貴女の評価を高めたことに貴女もお喜びでしょうから、水を差したくはないのです」[109]とも付け加えている。

レルヒェンフェルト夫人の不在中のヨハンナの手紙には、「女帝陛下はアヤの代わりを務めてくださり、昨日も私の起床時にいらしてくださいました。陛下は私の身長を測り、貴女のお世話のおかげでしっかり育っていると認めてくださいました。けれども私の不注意のせいで、体が左に偏っていることがわかりました。人から注意されるたびに、心して直そうと思います」[110]と書かれている。

この言葉は重要な意味を持っている。というのもこの一七六二年の夏、ヨハンナは自分が一歳年上のナポリ国王フェルディナンド四世[111]に嫁ぐことを知っており、そのためにできるだけの備えをしておきたいと考えていたからだ。トラウトゾン侯夫人によれば、彼女は身近な人々からはすでに「妃殿下」と呼ばれていたらしい。しかし、半年後の一七六二年一二月初旬、大公女は天然痘にかかり、重体に陥った。トラウトゾン侯夫人はヨハンナが他界する数日前に、「大公女はまだ生死の境を迷っていらっしゃいます。あの小さな体が、こうした病気の猛威を耐えられるとは驚きです。何よりもむごいのは、誰もがわずかな希望の光を捨てていないのに、その光が私には一瞬にして消え去ってしまう灯《ともしび》に見えてしまうことです」[112]と綴った。

一二月二三日付の書簡には、「大公女は耐えがたい苦しみの末、昇天されました。大公女を目に入れても痛くないほど可愛がっていらした優しいご両親とご一家の悲嘆のほどをご想像くださいませ」[113]とある。

だがカールの死から二年も満たぬ当時、マリア・テレジアが息子の他界時ほど悲嘆に暮れていないことに気が付いた者もいたはずだ。その一人がブルクハウゼン伯爵夫人で、二度にわたって説明を試みている。ヨハンナの訃報を知らされていなかった時点では、「私には女帝陛下のお心の内が手に取るようにわかります。と申しますのも、女帝陛下がいかにお隠しになったり抑えたりしようとしても、自然には道理というものがありますから、隠そうとして余計につらくなることもあるのです」[114]と書いている。二日後に死の報せを聞いたときにも、私見を繰り返し、釈明するかのように込み入った説明を付けようとした。「外見の落ち着きは、小康状態のようなものです。病人は寝ているように見えて、実は憔悴しているのです。心の内についても同じです。毅然として動じないのは、たいてい衰弱の印なのです」。同時に、「けれどもこれほどの衝撃に何度も見舞われると弱りきってしまいますから、毅然とした態度は美徳というよりも、むしろ無感覚、弱さと考えるべきなのでしょうか」[115]とも書いている。

ここでも、マリア・テレジアの心の内は憶測を寄せ付けない。

ヨーゼファ――政治の犠牲者

ヨハンナを亡くしたときの女帝の心の内はわからないが、姉を慕っていたヨーゼファがひどく悲しんだことは確かだ。一七六二年夏に妹から姉に宛てて書かれた手紙からも、その愛情のほどが伝わってくる。ヨーゼファにとって姉は遊び仲間であり[116]、友人であり、お手本であった。彼女の手紙のそこここには、「私の願いは、お姉さまの幸せの一部になること。(中略)お姉さまのことをこれほど心から愛することなど、誰にもできませんわ」[117]「お姉さまが発たれてから、お姉さまのことを考えないことは一時としてありません」[118]「お姉さまほどの徳をお持ちの方には、人々がどんなに尽くそうと足りません」[119]といった優しい言葉が書き連ねられていて、「とても大切な、誰よりも誠実なお姉さまを心から愛し、慕っております」と締めくくられている。

姉と同じく、ヨーゼファもアヤになついていた。そのことは、彼女がレルヒェンフェルト夫人に宛てた手紙からも[120]、そしてとりわけ、その後の夫人に関するマリア・テレジアの決定の一件からも明らかだ。ヨハンナの死から二週間後、女帝はレルヒェンフェルト夫人をヨーゼファの世話係から外して、エリーザベトかアマーリアに付けようと考え、本人に希望を打診した。その後の経緯は、夫人から息子に宛てた書簡に綴られている。大公女の世話をしていた女性たちはアヤが高給取りであることに不満を抱いており、この配置換えの理由も、どうやら彼女らのおしゃべりと策略だったようだ[121]。レルヒェンフェルト夫人は理不尽な決定を嘆いたが、女帝は考えを変えなかった。「昨日、女帝は散々苦労してヨーゼファさまをヴィルデンシュタイン夫人に預けました。あなたも夫人のことはご存じですから、これ以上説明する必要もないでしょう」[122]

その四か月後、ヨーゼファは一時間の面会を母に願い出、「私〔レルヒェンフェルト夫人〕なしでは生きていけないこと、他の方たちとではどうしたらいいかわからないこと、自分がどうなってしまうのか不安なことをお話しになり、その断固たる調子に、女帝も私に、大人でさえこれほど熱心に説明したり、理論的に説得したりすることはできないとおっしゃいました。（中略）女帝は一切を皇帝にお話になり、皇帝は直ちに、『早急にあの子をレルヒェンフェルト夫人のもとに戻してやらねばならない』とおっしゃいました。このようなわけで、来月初めには、女帝は大公女を私の手元にお戻しくださいます」[123]

ヨハンナが埋葬されるや、ヨーゼファは将来のナポリ王妃の座に定められた。早くも一七六三年一〇月にはマリア・テレジアからレルヒェンフェルト夫人に、ヨーゼファを完璧なナポリ王妃に育てよとの指示が下された。相手のナポリ国王は充分な教育は受けてはいないが、れっきとしたスペイン国王の息子だ。「娘の夫になる方は若く、井の中の蛙で、ごく幼い時から抑制というものを知らず、これまで何かに取り組んだこともありません。さらに危険なことに、周りにはおべっか使いとイタリア人しかいないのです」[124]

こう書くときのマリア・テレジアはもはや母ではなく、一国の君主だ。その頭を占めるのは、たとえ娘の幸せと母としての愛情を犠牲にしてでも、ブルボン家との関係を強化せねば、との考えだった。「この同盟の利点はよくわかっております。けれども、母としての私の心は、大変な不安にかられています。私の目には、気の毒なヨーゼファが政治の犠牲者のように映ります。娘が神と伴侶への義務を果たし、天国に迎えられるように生きられれば、たとえ娘が不幸になろうとも、私は満足です」[125]

妻としてふさわしい女性に育てるべく、マリア・テレジアは娘の直すべき欠点を列挙した。「とりわけ何にもまして、信仰心を育てていただくようお願いいたします。娘は少なくとも表面的には信仰心を持っております。（中略）穏やかで優美に育ててください。感じのよい顔だちとは言えませんし、物腰も同様です。どこか粗野なところがありますが、かの地では快さがよしとされます。（中略）頑固さは一切ご法度です。娘には頑なところがあるのです。なかなか本心を表そうとしませんが、これはよい点です。とりわけかの地では。しかし過度に本心を隠して、（中略）不誠実に振る舞うよう教え込むのもよくありません。（中略）優しく、機嫌よく振る舞うよう指導せねばなりません。（中略）娘はとても好奇心が強いのですが、これが私の恐れているもう一つの点です。娘は人に対し、かなり意地悪く振る舞います」[126]

レルヒェンフェルト夫人は熱心に務めを果たし、結婚が予定されていた四年後の一七六七年には、マリア・テレジアは「とても満足していますが、娘を見ると心が痛みます。若い国王は教育というものを一切受けておらず（中略）、何の支援も助言もありません。そうしたことすべてに、私は戦慄しております」[127]と述べている。九月八日には代理結婚式が挙げられ、祝宴や舞踏会が催された。あとは一〇月の出発を待つばかりだ。もうすぐナポリ大使がやってきて、大公女を新たな故国へと連れていくだろう。大使の到着を目前にして、トラウトゾン侯夫人は人々の心の内を代弁するような言葉を書き残した。「お若い妻が彼を見て震え上がることは確実でしょう。その運命が苦痛に満ちていることは明らかなのですから」と[128]。

だが一〇月四日、ヨーゼファは天然痘にかかり[129]、その一一日後に急死した。フランス大使デュフォール侯爵は、皇帝ヨーゼフとマリア・テレジアの悲嘆に触れながらも、もっぱら皇帝の苦悩を報告している。「皇帝は妹君を愛おしく思っていました。妹君が罹患すると、つきっきりで考えうる限りの手を尽くしました。皇帝は痩せて、どことなくやつれたようです。女帝はヨーゼファさまの肖像画を執務室にかけられました。姫君は聖フランシスコの日に病気になりました。女帝はその前日に姫君を連れて、亡き皇帝と、姫君と同名でその四か月前にやはり天然痘で他界された義姉〔皇帝ヨーゼフの妻マリア・ヨーゼファ・フォン・バイエルン〕が眠る地下墓所を訪れました（ヨーゼファ本人は行きたがらなかったと言われている）。母娘は墓所で二時間祈りましたが、世間はこれが不幸の原因だと憐れんでいます。（中略）この話は女帝のお耳にも入っています」[130]

ヨーゼフがどれほど妹の死を嘆き悲しんだかについては、多くの証言が残っている。ケーフェンヒュラーは、女帝が娘の終油の秘跡に涙し、枕辺につきっきりだと書いてはいるが[131]、息子カールや義娘マリア・イザベラ〔ヨーゼフの最初の妻〕が亡くなったときほど、絶望的に悲しんだりはしなかったようだ。ヨーゼファの死期が迫ると、マリア・テレジアは「娘が亡くなることになれば、喪失感にさいなまれるでしょう。愛らしくて、丈夫な子なのですから」[132]と書き、息を引き取ったあとには、「娘が私を不愉快にさせるようなことはいささかもなく、ずいぶんと幸せな気分にしてくれました」[133]と綴った。娘の死に際して、マリア・テレジアは母の顔を抑えて、女帝として振る舞った。「こうなっては、ナポリ国王には別の妻が必要です。私は不幸に打ちひしがれておりますが、娘のカロリーナが姉の代わりになってくれれば、いくばくかはなぐさめられるでしょう。（中略）貴公にこうした考えを知らせるのは、グリマルディにそれとなく伝えていただくためです」[134]

ヨーゼフ二世にとって一〇歳下の妹は何ものにも代えがたく、すでに六月には、ナポリまで妹に付き添う許可を母から取り付けていた[135]。彼はヨーゼファを誰よりも可愛がっていた。彼がこれほど愛したのは、この妹だけだったのかもしれない。というのも、他の妹たちが結婚したときには、同伴しなくてもいいように何とか口実を見つけてくれとカウニッツに頼み込んでいるのだ。「正直に言うと、亡くなった妹ほど（他の妹たちとは）親しくないのです」[136]と彼は告白している。これは周知の事実で、各国大使の公用文書や、ケーフェンヒュラーが息子やトラウトゾン侯夫人に宛てた書簡も同じことを指摘している。さらに注目すべきは、ヨーゼフをよく知るエレオノーレ・フォン・リヒテンシュタインが、「〔ヨーゼフは〕ご自分では気づかれていなかったが、ヨーゼファ大公女に並々ならぬ愛情を注ぎ、彼女が故人となっても、皇帝と他の女性たちとの隔たりは広がる一方」[137]だと述べていることだ。

末の四人

一三人目の子（三人目のカロリーナ）の出産は大変な難産で、「女帝がこのような危険にさらされるのをもう二度と目にしたくないという点で、全員の意見は一致した」[138]。だが神の考えは違っていて、さらに三人の子が生まれることになる。末の四人の子たちは独立したグループを形成し、カロリーナはアントーニアと、フェルディナントはマクシミリアンとことに親しかった。四人は強い連帯感で結ばれており、幼少期を過ぎても弱まることはなかった[139]。一方、思春期前の彼らの様子についても縁談についても、噂話や日記や外交官の公用文書で「病気にかかった」と言及されている以外、証言らしい証言は残っていない。マリア・テレジア自身にしても、一七六四年以前のフェルディナントとマクシミリアン、一七六七年以前のカロリーナとアントーニアへの言及はきわめて少ない。

グループの年長者、三人目のカロリーナは一七五二年八月生まれ。ヨハンナの二歳下、ヨーゼファのわずか一歳下だが、上の三人の娘たちが一緒に育てられたのに、カロリーナはすぐ上の二人の姉と養育されなかったのは、意外に思える。カロリーナは、一七五五年一一月に生まれた三歳年下の末娘アントーニアと一緒に育てられることになるが、結局のところ年の差は大した問題ではなく、姉妹は仲よく育ち、フェルディナント（一七五四年六月生）とマクシミリアン（一七五六年一二月生）も同様だった。この末子グループのうち三人は結婚を機にウィーンを去ったが、母と頻繁に書簡を交わし、その心の内をうかがい知ることができた。

カロリーナとアントーニア

二人の娘は、早くも一七六二年にブランダイス伯爵夫人の手にゆだねられ、マリア・テレジアの言葉を信じれば、読み書き、音楽、絵画を学んだ。ただし、読み書きの成果については、女帝は後から考えを修正している。というのも、かなり時間が経ってから、娘たちからの手紙が実は伯爵夫人の手によるものだと気付いたのだ。幼い大公女たちは遊んだり陰口をたたいたり内緒話をしたりするばかりで、伯爵夫人はそんな少女たちの集中力を伸ばそうとはしなかった。こうして初歩的学力の教授をおざなりにしていた伯爵夫人だったが、カロリーナとはそりが合わなかったらしい。ヨーゼファの結婚準備が進む中、カロリーナは母に、ブランダイス伯爵夫人から離れて、ヨーゼファの教育で大きな成果を収めたレルヒェンフェルト夫人のもとに行きたいとの希望を伝え、マリア・テレジアは不本意ながらも承諾した[140]。

このとき、マリア・テレジアはカロリーナについて辛辣な意見を記し、矯正すべき態度を列挙した。まず、尊敬の念も注意も払わずに投げやりに祈ること、注意されるとぞんざいな口をきいて不機嫌になること。彼女の声は「とても不快[141]」なのでなおさらだ。音楽、絵画、歴史、地理、ラテン語は念入りに学習せねばならない。「決して怠けてはなりません。怠惰は誰にとっても危険なものですし、貴女にとっては特にそうです。貴女は慎重に怠惰を抑えて、幼稚なこと、人の目を引くようなこと、見境もなく愉快なことをしたいなどという度を越した気を起こさないようにせねばなりません」[142]

そして「貴女を妹から完全に引き離して、大人として扱います（当時カロリーナは一五歳、アントーニアは一二歳）。妹とは秘密の話も、たくらみも、おしゃべりも一切禁止です（中略）。そもそもそんな秘密は、身近な人や家族やお付きの女性たちを非難するような内容でしかありません。言っておきますが、貴女は厳しく見張られることになります」と最終通告を突きつけた[143]。ヨーゼファはナポリに向かう予定だったので、カロリーナは妹との遊びを禁じられた上に、六歳年上のアマーリアと過ごすように命じられた。「貴女はもう子ども扱いはされません。三人の弟妹たちにもまして、幼稚な振る舞いはしないよう心しておきなさい」[144]と女帝は釘を刺した。

二か月後、ヨーゼファが他界し、マリア・テレジアの計画に変更が生じた。代わりに花嫁候補に挙がったのは、アマーリアとカロリーナの二人だった。アマーリアがカロリーナよりも美女であることは誰の目にも明らかだったが[145]、ナポリ国王より五歳年上だった。一方、カロリーナは国王より一歳若かった。マリア・テレジアと相談の上スペイン国王が選んだのはカロリーナだった。結婚式は一七六八年四月に予定され、レルヒェンフェルト夫人はわずか六か月でこの少女を王妃にふさわしく教育せねばならなかった。夫人は全力を尽くしたようで、誰もがカロリーナの言動がよくなっていると認めている。「より真面目に、慎ましくなった」[146]「機知と、身分にふさわしい品位がある」[147]「旅行中、すべての人の心をつかんだ」[148]と。また六か月の教育期間を通じて、レルヒェンフェルト夫人を深く慕うようにもなった。夫人が他界する一七七〇年一月まで続いた愛情と信頼に満ちた往復書簡も、このことを示している。マリア・テレジア自身も娘との距離を縮めた。彼女は娘がまだ若いことを心配し、ローゼンベルクに「(カロリーナは）泣いてばかりいます。彼女はあの子（ヨーゼファ）よりも、ずっと私たちとの別れに心を痛めています。これがどれほどつらいことかご想像くださいませ。娘はずいぶんと若く、幼く、不用心ですので、できることならお付きの女性を一人付けたかったのですが」[149]と書いている。しかしスペイン国王はこの要請を拒否した。

アントーニアは「アントワーヌ」とか、短く「トネール」などと呼ばれ、ごく幼い頃から記録で言及されていた。一七五七年一二月末、二歳のアントーニアに麻疹の診断が下った。[150]その数日前にはヨーゼファも発症し、比較的早く治ったものの、アントーニアはなかなか回復せず、二、三週間後にも「まだよくなりません。状態は芳しくなく、幼く愛らしい大公女のことを皆ずいぶんと心配しました」[151]との書簡が残っている。当時面倒を見ていたブランダイス夫人の細やかな看護にもかかわらず、アントーニアはなかなか回復せず、しばらくの間病気がちだった。トラウトゾン侯夫人によれば、お粗末な教育も病気が原因だという。「(アントーニアは）幼い頃に病気をしてかなり病弱でしたし、生死にもかかわる天然痘のせいで、長いこと衰弱していました」[152]

彼女がフランス王妃になることは、ずいぶん前から知られていた。ブルゴーニュ公爵が幼くして亡くなると[153]、フランス宰相ショワズールはアントーニアとベリー公爵（のちのルイ一六世）の婚姻を検討し始めた。公爵は当時王太子だった父〔ルイ・フェルディナン〕の後継者、未来の国王と目されており、王太子が若くして一七六五年一二月に他界すると、縁談は急速に現実味を帯びてきた[154]。

この縁談の背景には二つの要素がある。一つは――これが縁談の肝だ――、一七五六年の外交革命による墺仏同盟[155]を強化しようというマリア・テレジアとルイ一五世の共通の意思。もう一つは、二人の許婚《いいなずけ》の年の近さだった。未来の国王に適当な年齢の娘は、一歳年下のアントーニアだけだったのだ。こうして一七六七年四月、婚約が成立した。それでも、一二歳の娘にしかるべき教育を施して立派な王妃に育てようとの決定が下されるまでには、さらに一年待たねばならなかった。一七六八年四月、アントーニアはブランダイス夫人のもとを離れ、カロリーナのナポリ行きに同行できなかったレルヒェンフェルト夫人の手に預けられた。ショワズールもヴェルモン神父をウィーンに派遣した。神父は評判も高く、人好きのする人物で、大公女にフランス史、特にフランス貴族社会についての知識や習慣、フランス文学の素養を教授し、フランス語の読み書きに力を入れた。マリア・テレジアからきわめて丁重に迎えられた神父は、一七六八年末から翌年初めにかけて授業を開始し、一三歳の生徒の魅力、優美さ、愛らしさ、朗らかさに惹きつけられた。同時にかなり早いうちから、教養や集中力が驚くほど欠落していることにも気付いた。神父の最初の報告書には、不安が綴られている。

「大公女殿下の優美さやお心の優しさは、ほめてもほめ足りません。しかし活発でたびたび気が散ってしまうため、不本意にも学習意欲がそがれてしまいます。教育の期日を延期することが望ましいでしょう。殿下の教育が始まったのは、レルヒェンフェルト夫人に預けられて以降、わずか約九か月前のことなのです。ご自身でも、自分を養育してくれた女官長[156]にずいぶんと可愛がられ、甘やかされて、努力などというものうっとうしいことは一切言われなかったと、私にお話になりました」。彼はレルヒェンフェルト夫人のことは高く評価し、「夫人以上に適任の女官長などそうそう見つからないことは確かでしょう。レルヒェンフェルト夫人は厳格で、殿下も畏怖していらっしゃいますが、それでも夫人を慕われ、この上なくなついていらっしゃいます」[157]と記している。

ヴェルモン神父は、教育者として全力で生徒の注意力と思考力を高めようとしたが無駄だった。「少々の怠惰と、多分な浅はかさが原因で、教育は難航しました。（中略）一つのことについて深く掘り下げるということを、私は殿下に教え込めませんでした」[158]。慣例に従い、アントーニアは結婚式に先立つ三日間、世間と距離を置いて静かに過ごしたが[159]、神父は冷めた言葉を残している。「猊下《げいか》でしたら、瞑想が長くは続かないだろうことは、予想されていることでしょう。私は精神の糧となる書物を読んで差し上げなければならないのですが、おそらくそれも長くは続かないのではと強く危惧しております」[160]

成婚に向けた一八か月間の準備期間中、マリア・テレジアは、まだ幼く経験も乏しい娘がヴェルサイユ宮廷にどのような印象を与えるだろうかと考え、ひどく気を揉んだ。彼女からすれば、豪華絢爛なヴェルサイユには陰謀と快楽と悪徳がはびこっている。一七六九年にルイ一五世が愛人デュ・バリー夫人[161]を公式に宮廷デビューさせることを決めたときには憤慨した。夫人は正真正銘の売春婦と噂されていたのだ。「愚鈍で、醜く、我々に偏見を持ち、祖父に親しまず、偽善者（ラ・ヴォギュヨン公爵）に育てられ、あらゆる心配の種である」[162]王太子との結婚の時期を遅らせようかとまで考えたほどだ。だがフランスとの同盟には、犠牲を差し出すに値する重大な価値がある。

マリア・テレジアは末娘に思慮深さを身に着けさせることはできなかったが、ヴェルサイユ宮廷のファッションや習慣に無知な田舎娘などとは言われぬよう、できる限りの手を打った。娘にはルイ一五世や王族や側近たちを魅了してもらわねば。女帝は娘の「やや高い額やまとまりのない髪」[163]を何とかしてもらおうと、パリから髪結師を呼び寄せ、歯並びの悪さ[164]を矯正するための歯科医や、二〇万フローリン相当のドレスや宝石を手配した。当代きっての舞踊家ノヴェールも招かれ、流行のダンスを教授した。つまり本質よりも見栄えを優先した、というわけだ。

トラウトゾン侯夫人の発言はこと女帝に関しては如才なく、こうした状況についても「フランスへの配慮もあり、あちらが最も期待しているのは、愛らしく明るく、宮廷の流儀をしっかりとわきまえ、楽しむことを知っている姫君であるという点も考慮されました。そのため姫君はずいぶんと甘やかされましたし、偉大なる母君は、他のお子さま方ほどこの姫君に会う機会はなく、たっぷり愛情を注ぐというわけにはいきませんでした。この数日間は涙されることもありましたが、他のお子さま方とのお別れのときに比べれば、さほどのことではありません。活発でお優しいナポリ王妃（カロリーナ）のときなどは、あまりの悲嘆ぶりにその後どうなることかと心配させられたものですが」[165]と書いている。

マリア・テレジアとアントーニアは互いをよく知る機会も、愛情を深める時間もなかった。アントーニアにとっては悲しいことに、彼女が母に抱いていた感情はむしろ恐れであり、母は娘に対し決して解消されることのない不満を抱き続けた。

フェルディナントとマクシミリアン

レオポルトの誕生から七年後の一七五四年、四人の大公女に次ぐフェルディナントの誕生は、大した熱狂を巻き起こさなかった。一七五六年のマクシミリアンの誕生時も同様で、各国大使たちは一切の私見なしに、誕生の事実だけを本国に報告した。上に男の子が三人もいれば帝室の存続は安泰だろう。あとは二人の末息子に、身分にふさわしい責任と立場を整えてやらねば。

ほかの兄弟の例にたがわず、フェルディナントも病気をきっかけに人々の口の端や書簡に登場するようになった。一七六二年一月に重病を患ったときのことだ。七歳半の大公は腹痛を訴えて危険な状態に陥り、終油の秘跡を受けた。「けれども、神は偉大なる母の悲嘆を和らげ、(中略)炎症は治まりました。今のところ、大公はほぼ回復しました。(中略)大公は若くて可愛らしい方です。是非にでも元気に過ごしていただきたいものです。親愛なる伯爵夫人、貴女も何度も大公とおしゃべりされたことがありますから、よくおわかりでしょう」[166]

治ったと思った矢先、フェルディナントはアヨと教師たちに預けられた。彼はアヨのカール・フォン・ゲース[167]によくなつき、生涯丁重に遇した。五歳のマクシミリアンはいつも兄と一緒だったので、ゲースはこの子の教育も担当した。マリア・テレジアはつねのごとく、我が子の矯正すべきちょっとした欠点を指示書に書き連ねている。フェルディナントはごく幼いうちから、マクシミリアンよりも気配りができ、人懐こかった。女帝はマクシミリアンについて、「それほど愛想がよくないので、これを習慣づける必要があります。貴公や貴公の指示下の方々に対し、丁寧な言葉遣いをするよう教えねばなりません」[168]と記している。どうやらマクシミリアンはフェルディナントに比べて扱いにくかったようで、その三、四年後にも女帝はゲースに宛てて、「あの子をたたいたのは正解です。言うことに従うよう仕向けねばなりません」[169]と書いた。怜悧な母でもある女帝は、二人の末息子が「利発だけれども、怠け者で、覇気がない」ので、この点を直さねばならないと認めていた。ただし、さほどの成果は上がらなかったが……。

マリア・テレジアにとって、フェルディナントの一番の心配の種はその低身長だったようだ。彼はかつてカール、次いでレオポルトの婚約者だったモデナ公女マリーア・ベアトリーチェとの結婚が決まっていたため、いい印象を与えねばならなかった。マリア・テレジアは未来の嫁に、フェルディナントはずいぶんと背が伸びて、体格もしっかりしてきたと繰り返し知らせている。[170] 一七六五年から六九年にかけての話題の中心は、もっぱら彼の体格のことだったが、トラウトゾン侯夫人の意見はやや違っていて、「フェルディナント大公はとてもご立派に成長されています。（中略）成長はされているのですが、未来の奥方に比べれば、今後も容姿端麗なミニチュアのままでしょう」[171] と書いている。彼は一七六八年九月に天然痘の予防接種を受けたが、女帝は将来の嫁に宛てて、「フェルディナントは成長しましたが、かなり痩せていて華奢です。（中略）息子は勉学を終えました。私は満足はしておりますが、少し気もそぞろになることがあります。息子はレオポルトほど勤勉ではないでしょうが、彼よりも愛想がよく、娯楽の方に興味を示すことになるでしょう」[172] と書いている。

結婚式が近づくにつれ、女帝は息子への満足を示すようになった。[173] 彼女が言うように、彼が日ごと進歩したことも理由の一つだが、人を惹きつける力を持ったフェルディナントが母に愛情と従順な態度を示したことが大きいだろう。彼女は二度、将来の嫁に宛てて、「愛する息子が出立すれば、ずいぶんと寂しいことでしょう」[174] と書いている。

だが、マクシミリアンのときはこうはいかなかった。兄に比べ闊達で荒々しく、可愛げや社会性の点で劣っていたマクシミリアンに、母はフェルディナントに抱いたような柔らかな愛情を抱けなかった。彼女は始終二人を比較し、マクシミリアンは長い間兄と比べられることに苦しんだ。母が息子への見方を改めるには、彼が一八歳になるまで待たねばならなかった。

兄たちと違って、マクシミリアンには婚姻交渉の必要はなかった。一三歳にもならないうちから、生涯独身で軍人として生きることと決められたからだ。マリア・テレジアは将来この子が、叔父に当たるカール・アレクサンダー・フォン・ロートリンゲンの跡を継いでドイツ騎士団総長になることを期待していた[175]。彼女は、なかなか心を開こうとせず、「あまりに陰気な」[176]我が子にお手上げ状態だったようで、「トリ小屋〔子どもたち〕」の様子を記したヘルツェル夫人宛ての手紙にも、マクシミリアンについて、「あの子は日ごとに成長して、レオポルトにますます似てきています（これは必ずしも喜ばしいことを意味しない）。（中略）あの子に関して言えることは何もありません」[177]と書いている。マリア・テレジアは息子の意欲を刺激しようと、旅に出すことにした。いわゆる「グランドツアー」〔一八世紀ヨーロッパの貴族の子弟たちの間で盛んだった長期の外国修学旅行〕だ。まずカール・アレクサンダー・フォン・ロートリンゲンが総督を務めるオーストリア領ネーデルラントへ、次いでマクシミリアンが慕う姉が君臨するヴェルサイユ宮廷へ、そしてイタリアへ。一七七四年四月三〇日の出発に先立ち、女帝は息子に同行するお目付け役のローゼンベルクに指示を送り、「貴公にレオポルトのお目付け役を務めていただいたときには、大変満足しました。〔マクシミリアンにも〕それと全く同じようにしていただきたいのです。（中略）貴公にはただただ、息子の人格形成に集中していただきたいと思います。息子には機知も才能もあり、勉学全般にも秀でていて、善良で陰険なところもありませんが、心の内をとんと明かさず、外見も表情もとても感じが悪いのです」[178]と記した。

同時に彼女はマクシミリアンにも覚書をしたためたが、母子の絆の弱さを弁明しているようにも読めるし、息子への期待を表明しているようでもある。「正直に言うと、まだ若いあなたを手放すのは心が痛みます。（中略）あなたの教育に関して、ここではこれ以上期待できることも方策もありません。（中略）私からすれば、あなたの性格はまだ充分伸びておらず、本心を隠してばかりで、粗暴で無気力なところもあるように見受けられます。（中略）いかなる無作法も、悪ふざけも、暴力沙汰もご法度です。（中略）期待を込めて言いますが、あなたは中身よりも外見を直さねばなりません。一〇〇人の人が外見で判断するとすれば、あなたの真の長所を理解してくれるのは、せいぜい二人くらいでしょう。(中略)願わくは、兄二人(フェルディナントとレオポルト)と同じくらい、あなたについてもよい評判を聞きたいものです」[179]

マクシミリアンからの手紙が届き始めるや、マリア・テレジアはその冷淡な調子をフェルディナントに訴えた。「優しいフェルディナントとは大違いです」[180]「あなたの行く先々では、賞賛の言葉しか聞こえてきません。(中略)私にとっては大いなる心のなぐさめです。あなたの弟がもっと人好きがするようになればと思うのですが、氷のように冷たいのです。それが当惑から来るのか、冷淡から来るのかは、そのうちわかるでしょう。(中略)あの子はどこに行っても退屈しているようで、隠しきれなくなってきました。(中略)ブリュッセルでは歓喜と前代未聞の喝采で迎えられたのですが、心動かされるどころかうんざりした様子でした」[181]。そして最後には、「あの子はもっと優しくならねばなりません」[182]と断じている。

フェルディナントは熱心にマクシミリアンを弁護したが[183]、母は納得しなかったようで、その後もしばらくの間、息子の成長に不信の目を向けていた。

マリア・イザベラ——唯一無二の娘

女帝は慣習に従って、ヨーゼフの妻マリア・イザベラを「娘」と呼び、特別に可愛がった。この結婚も当然、政治的利益のための政略結婚で、一七五五年から翌年にかけて外交革命が起こり、オーストリアとフランスは手を組んだ。ブルボン家との新同盟を強化するのに、スペイン国王フェリペ五世とフランス国王ルイ一五世の孫娘[184]以上にふさわしい女性はいない。二人が年齢的にぴったりだったのも幸いだった[185]。一七五七年、ウィーンはパルマに駐ロンバルディア全権大使クリスチャーニを派遣し、彼女の様子を報告するよう命じた。クリスチャーニは、優美で魅力的で教養と数々の長所を持つマリア・イザベラにすっかり魅了され、「あらゆる点において、オーストリア皇后にふさわしい」[186]と報告した。彼女を知るパルマの外国人は皆同意見で、ウィーン到着二週間前にも、「こちらでは大公妃を賞賛する言葉が行き交い、誰もが妃をほめ、夢中になっています。（中略）女帝は義娘の到着を待ちきれないようで、すでに好感を持ち、愛情を抱いています」[187]との報告が送られている。

マリア・テレジアは大いに満足だった。彼女はこの花嫁を義娘としても友人としても一目で気に入り、到着して四時間も経たないうちに花嫁の父にこう知らせている。「私は彼女をすっかり気に入り、彼女を幸せにすることしか考えられません。(中略)誰も彼女に抗うことなどできず、彼女を迎えに行った皇帝も同様です。彼女と接するすべての人も、彼女が立ち寄ったすべての国の人々も彼女に夢中です。私たちは何と幸せなことでしょう！　私は自分を抑えきれず、涙があふれてきます。(中略)姫君は私の人生に、かつてない幸せをもたらしてくれるでしょう」[188]

女性嫌いなことで有名で、初夜の務めに恐れをなしていたヨーゼフでさえ心動かされたようで、マリア・テレジアは「この魅力的な姫君が夫の心にどのような印象をもたらしたか、この目でしかと見ました」[189]と述べている。フランス大使も「彼女には人に愛される特別な性質が備わっていて、お付きの者たち全員の心をつかみました。こうした賞賛に一切の偽りはありません」[190]と報告している。マリア・テレジアもヨーゼフも日ごと嫁の優れた点を発見し、愛情を深めていった[191]。実際のところ、マリア・イザベラは新しい環境に最大限適応して好かれるために、新しく家族となった人々の性格を観察していた。どうしたら信頼を得られるか、争いを和らげることができるか、彼女は誰よりも心得ていた。彼女はごく特殊な魅力を備えた「人たらし」であり、堅苦しく疑り深いヨーゼフの心をも勝ち取った。ヨーゼフが心底愛した唯一の女性と言ってもよい。数週間、数か月経つうちに、マリア・イザベラはマリア・テレジアの親愛の情を一身に集め、女帝はこの嫁なしでは一時も落ち着かなかった。マリア・イザベラは女の子を産み、女の子は祖母と同じくマリア・テレジアと名付けられた。だがウィーンに輿入れしてから三年後、マリア・イザベラは女の子を身ごもったまま天然痘でこの世を去った[192]。

残された人々の胸にはぽっかりと大きな穴があいた。皇帝一家の悲痛は計り知れず、マリア・イザベラの父フィリッポの書簡や、大使たちの公用文書からもそれが伝わってくる。死の前日に書かれた手紙には、「皇帝と女帝はこうした不幸を幾度となく経験されましたが、今回ほど嘆き悲しまれたことはありません」[193]「類まれな娘[194]は、誰よりも惜しまれています」とある。

皇帝は義娘の死に家族がどれほど打ちのめされたかを書き連ね、「特に私に関しては、実の娘以上の存在を失いました。この悲しみがなぐさめられることは決してないでしょう」と記した[195]。

ヨーゼフの苦悩に至っては尋常ではなく、昼も夜も妻の看護に明け暮れ、その死に、文字通り呆然自失となった。彼は義父に宛てて、「私はすべてを失いました。愛する妻、唯一の友人はもういません。(中略) 私がどれほど打ちひしがれているか、苦しんでいるか、ご想像ください! 自分が生きていると自覚するのがせいぜいです。何とつらい別れでしょう! 乗り越えることなど私にできるのでしょうか。できはするでしょうが、一生不幸なままです」[196]と綴り、その後も長い間、「国にとって、私たち家族にとって、そしてこの不幸な私にとって、何という苦しみでしょう! 彼女は類まれな女性でした! あのような妃、あのような女性は決して存在しませんでしたし、これからも存在しないでしょう」[197]と嘆いた。彼は政治的理由から再婚を余儀なくされたが、それも苦痛でしかなく、妻への愛を娘マリア・テレジアに注いだ。

女帝は義娘の死に大変な衝撃を受け、深い「無気力状態」[198]に陥った。「私はもう幸せとは無縁です」[199]と嘆き、三日後にも、「無残にも義娘を失い、家族が与えてくれていた喜びやなぐさめの一切を失いました。彼女の死は私の心に特別に鋭い一撃を加えました。(中略) 彼女の死で、私は友人、相談相手、すべてを失ったのです」[200]「唯一無二だったあの子の死をなぐさめてくれるものなど、この世に一つとしてありませんし、この涙も決して乾くことはないでしょう」[201]と述べている。こうした言葉はその場限りのものではなく、数か月後にも友人のザクセン選帝侯夫人マリアに、「義娘の死から立ち直ることができず、あの子が残した虚無感は日ごとに重くのしかかってきます」[202]と告白している。

数年後マリア・テレジアは夫にも先立たれるが、後年もっともつらかったのはマリア・イザベラの死だと語っている。

第四章

女帝として母として——一人の女性の葛藤

女帝マリア・テレジアは母としての感情と政治の間で板挟みになっていた。これは今に始まったことではないが、夫フランツ・シュテファンが他界すると、状況はさらに悪化した。彼女の性格からしても心理状態からしても、苦しみは増す一方だった。二五年近く共同統治した夫の死で、成人した子たちに当然のように権威を振るっていた彼女の胸に、女帝としての自分の力に対する疑問が生じた。

道に迷う女性

一七六五年八月一八日の衝撃

マリア・テレジアが幼少期から愛した男性はインスブルックでこの世を去り[1]、彼女の人生は一瞬にして激変した。別れに悲しみはつきものだが、彼女の心がなぐさめられることは決してなく、生来の鬱傾向はさらに悪化した。彼女は髪の毛を切り、大喪の服に身を包んで残りの人生を過ごした。黒は彼女の心の象徴となり、友人ゾフィー・フォン・エンツェンベルクに、「太陽さえも黒く見えます」「私にとって黒だけが心地いいのです」と打ち明けている[2]。打ちのめされた女帝を前に、誰もどうすることもできなかった。彼女はすべてにうんざりし、好んで礼拝堂や自室で孤独な時間を過ごした。そうすれば、想念の中だけでも夫に再会できる。ほぼ五年後にも、親しいローゼンベルクに「生前の夫は私の支えでした。夫の姿を見るだけですべてを、どんなにつらいいやなことでも忘れることができました。けれども神は私から夫を引き離し、すべては一度に崩れ落ち、私の心はもはや何ものにも動かされません。私はすっかり自分の気質に振り回されています」[3]と語った。家族の朗報も、失望を紛らわせてはくれない。「世界にはもはや何もないように思えます。娘（クリスティーナ）の結婚も、大公妃（レオポルトの妻）の懐妊も、たまさかの喜びを与えてくれますが、それ以上何かを感じさせてくれることはありません。私の心は生気を失い、もう悲しみしか感じられないのです」[4]

今後マリア・テレジアは、フランツ・シュテファンとの結婚生活の節目を追悼しながら生きていくことになる。夫の誕生日、結婚記念日、そして命日。夫の眠るカプツィーナー納骨堂へ降りていくたびに心が痛み、彼のところへ行きたいという抑えがたい衝動が沸き起こる。彼女が最も恐れること。それは天国にいる夫のもとへ行けないことだ。敬虔なマリア・テレジアは祈禱を重ね、毎日何度も礼拝へ足を運び、礼拝行進を欠かさず、孤独の中に逃げ、霊的な書物を読んだ。以前から信心深かったが、今やすっかり凝り固まり、子どもたちの信仰のゆるみを倦むことなく糾弾した。同時に母として、そして女帝としての務めもおろそかにせず、特に娘たちとフランスやスペインのブルボン家との婚姻には力を入れた。いずれの婚姻交渉も、皇帝が生きていた頃から始まっていたから、彼女の熱意もなおさら高まった。

権力について

皇帝が亡くなって間もなく、女帝は引退して、皇帝ヨーゼフに権力を移譲するとの噂が流れた。彼女は些細な決定さえ下せず、部屋に閉じこもって涙に暮れていた。すべてを引き受けて、母をいたわりつつ、インスブルックからウィーンへの移動を細部に至るまで手配したのはヨーゼフだ。女帝退位説に確たる根拠があったのかは不明だが、数週間も経つと噂は霧散した。宰相カウニッツや多くの閣僚らはヨーゼフの突飛な性格に不信感を抱き、経験の乏しさを心配していたため、息子と共に共同統治体制を敷くよう女帝を説得した。彼女は亡き皇帝とも共同で統治していた。実際に彼女が退位を考えたとして、結局実現しなかったのは、憲法面での技術的な理由のほかに[5]より個人的な二つの理由が考えられる。一つは、一七六五年の時点での息子との関係だ。マリア・イザベラとの結婚以降、母と息子の関係は安定していた。マリア・イザベラは二人の間を取り持ち、ヨーゼフは母に従う従順な息子になった。マリア・イザベラが他界すると、母子は悲しみを分かち合い、立場上彼が再婚を迫られたときも、マリア・テレジアはヨーゼフが花嫁候補の中から自分で相手を選べるよう、できる限りの手を打った。再婚に全く乗り気ではなかったヨーゼフは、マリア・イザベラの妹マリア・ルイサ以外には考えられないと言ったが、マリア・ルイサはすでにスペイン国王の息子との結婚が決まっていた。それでもマリア・テレジアは、スペイン国王カルロス三世に花嫁を譲ってもらうよう、卑屈なまでに熱心に働きかけた。だが予想通り、スペイン国王からはごく慇懃ながらも、論外との回答が返ってきた。[6]ヨーゼフとマリア・ヨーゼファ・フォン・バイエルンの再婚[7]は完全な失敗だったが、一七六五年の時点でもヨーゼフの母への感謝の念と恭順は変わらず[8]、神聖ローマ皇帝に選出された後も、「今後も私を息子、臣下とさえ考えてくだされば、これに勝る喜びはありません。手加減などなさらぬようお願い申し上げます。どうか以前のように、私に命令し、擁護し、戒めてください。私にはお母さまの鞭撻《べんたつ》が必要なのです。私が持ち合わせているであろうわずかな美点も、お母さまの配慮あってのものです。（中略）私は政治面においても、私生活での考え方についても、完全にお母さまと同じようになるために努力したいのです」[9]と述べている。

こうして何度もヨーゼフから告白されれば、マリア・テレジアが共同統治に踏み切ったのも理解できる[10]。後継者である息子に統治や外交の何たるかを手ほどきし、自分のヨーロッパ政治のビジョンや価値観を伝えるには、絶好の機会だ。共同統治はさながら師と生徒といった趣《おもむき》だった。夫との共同統治では、特にオーストリア継承戦争終結以降、自分の考えに従って自在に権力を行使していたので、息子との共同統治も当然うまくいくと考えていた。ヨーゼフはまだ二四歳で、学ぶべきことは山積みだ。一方、彼女自身が父の後を継いだのは弱冠二三歳のときで、しかも父からの手ほどきは一切受けていなかった。

もう一つの理由は心理的なもので、彼女は友人ゾフィー・フォン・エンツェンベルクに、権力の座に留まることは、一種の神経衰弱対策だと漏らしていた。夫の死について綴った書簡には、「〔夫は〕私のあらゆる行動、あらゆる愛情の対象であり、目的でした。この虚無感をご想像ください。そのためにあらゆる器官、記憶、視覚、聴覚、判断までが影響を受け、すべてに支障が生じ始めています。そこにさらに失望が加わりました。遮二無二仕事に打ち込むことでしかなぐさめを得られないと考え、何とか気を紛らわそうとし、自分の状態について考えたり感じたりする時間を一切作らないようにしたためです」[11]とある。

確かに権力の座に留まることは支えにはなったが、時と共に否定的な言動が増えていった。二五年もの間女帝として絶対的権力を振るって意のままに支配することにすっかり慣れていたところに、ヨーゼフとの共同統治が始まり、当初思い描いていたようにはいかなかったのだ。彼女は息子の名誉欲や権力欲を過小評価していた。現代性を体現したい若い息子と、伝統を尊ぶ母との衝突は避けられなかった。さらに、二人の政治ビジョンの食い違いも明らかになりつつあった。早くも一七六六年には、最初の亀裂が入り始めた。彼女は手紙の中で、名前こそ出さなかったものの暗にヨーゼフを指して、「私は皮肉られたり、揶揄されたり、（中略）笑いものにされたりするには、まだあまりに自尊心が強すぎますが、目下のところ、そうした風潮です」と不満を漏らし、その数か月後にも、「自分が実の息子の家に居候しているかのように思えます。（中略）私は余計者で、どこへ行ってもお荷物のようです」[12]と語っている。息子を心から愛する母と、一切の妥協を退ける女帝の間で、マリア・テレジアは心理的にも政治的にも耐えがたい状況に追い込まれていた。

マリア・テレジアの干渉主義

結婚前の教え

結婚を前にした未熟で経験も乏しい四人の娘たちに、母である女帝が細かく教訓を垂れるのは、ごく自然なことであるし、正当でもある。こうした教訓には二つの面がある。一つはよき妻になるための助言、もう一つは君主の妃として外国宮廷でふさわしく振る舞うための訓示である。一つ目は娘たち全員に共通する項目で、キリスト教徒としての務めを厳格に守り、夫の信頼を獲得するよう説いている。クリスティーナ宛ての助言ではこの点が特に強調されていて、「私たちは夫に従属しており、夫に従う義務があります。あらゆる点において私たちの唯一の目的は夫であり、夫の役に立ち、夫を父とも最良の友人とも仰ぐことなのです（中略）貴女は愛情から結婚しますが、（中略）過度の愛情は禁物です。夫の負担になることもありうるからです。（中略）夫を自由にさせておけばおくほど、貴女の魅力も増し、夫から愛されるでしょう。(中略) いつも上機嫌で、愛想よく、感じよくなさい。(中略) 夫を楽しませ、その信頼に応えねばなりません。(中略) 幸せな結婚生活を送れるかどうかは、妻次第です。(中略) ことに、夫を指図しているように見られたり、貴女の優位性を感じさせたりすることは厳禁です」[13] と書かれている。

マリア・テレジアは娘たち四人に対し、政治には決して関わらぬよう厳命した。そもそもそうした教育を受けていないし、男性を支配するのは女の仕事ではない。マリア・テレジアがこうした言葉を綴るのは意外だが、ヨーゼフもナポリ王妃となったカロリーナに同じことを言っている。「男性たちは、妻に影響されたり支配されたりしないよう警戒せよと教え込まれ、これを基本原則としています。(中略) したがって、貴女は夫君に、穏やかに愛想よく接せねばなりません。そうすれば夫君も、貴女が支配どころか、自分に愛されることだけを望んでいるのだと理解するでしょうし、貴女への愛情も増すでしょう」[14]。娘のうち三人は外国の君主と結婚したが、こうした教えをほとんど守らなかった。この点、マリア・テレジア自身の態度もかなり曖昧で、たとえば、ヨーゼファの婚姻契約に関するスペイン国王との交渉の際には(結局、ヨーゼファは婚前に死去し、カロリーナが結婚した)、長男が生まれ次第、娘が閣議に出席できるよう要求した。その一方で、友人のリーニュヴィル夫人に、「娘は統治することはないでしょう。夫が自分に何を期待しているのかを予想して（中略）、指示なしに何かを企てることなどないでしょう。それどころか、私の支配下にある限り、誰かを推挙したり仲介したりすることなど厳に慎むようにと命じられています」[15]と書いている。

アントーニアについても同様だが、マリア・テレジアもヨーゼフも、ことオーストリアの国益に関わる場合には、彼女の力を利用しようとした。カロリーナもアマーリアもアントーニアも、カリスマ性のかけらもない弱い男性と結婚したことは事実だ。その上、ナポリ国王フェルディナンドとパルマ公フェルディナンドは、ルイ一六世とは違って、怠惰で統治能力に欠けていた。ナポリ国王は教育を一切受けておらず、娯楽しか目になかったし、パルマ公は幼稚な信仰心に凝り固まり、気骨などというものを持ち合わせていなかった[16]。こうした無能な男性と結婚したため、アマーリアは好き勝手な行動が許されていると思い込み、カロリーナは統治を強制されていると感じた。

政治的な打算から結婚させられた三人の娘宛ての母の覚書は、嫁ぎ先の宮廷の慣習に合わせて内容が変えられ、それぞれの国民性や状況が語られている。曰く、ヴェルサイユでは何よりもルイ一五世に気に入られること、国王の愛妾デュ・バリー夫人――ウィーン宮廷ではすっかり軽蔑の的だったが――には慇懃に振る舞うこと。ナポリではスペイン国王と、国王を補佐するタヌッチに服従すること。パルマでは、スペインとフランスの合意により選ばれた宰相デュ・ティロに従うこと。こうした訓示には、娘たちが嫁ぎ先で愛され尊敬されるように、との女帝の切なる望みが込められている。

結婚した三人の息子たちでは事情は異なる。ヨーゼフは帝国の、レオポルトとフェルディナントは帝国領の統治を定められていた。息子たちに教示を垂れたのは父フランツ・シュテファンであり、結婚生活の指針や、一人の人間、君主としてあるべき道を説いた。こうした教示を父はレオポルト宛てに記し、父の死後、レオポルトからフェルディナントに伝えられた。フランツもマリア・テレジア同様、カトリック教徒としての務めを熱心に説いているが、全体的な印象や考え方には明らかな違いがある。父が説くのは、信仰心を持った快楽主義者の哲学だ。フランツ曰く、こうした指針は「ひたすらあなた方の幸せと平安と救いを求める父の愛から」[17]来ている。

彼はまず人生について、「自分自身に警戒なさい。これこそが、うぬぼれに振り回されないための有効な手段です。うぬぼれには百害あって一利なしです。(中略)他の者たちに比べて、高貴な者には必ずと言っていいほど、おべっかという危険が待ち構えています」[18]と説いた。

そして自らが治める国の民の手本となるべく、非の打ちどころのない信仰心と道徳を説いている。「家族には優しい愛情を絶やさず、決して一族の長から離れてはなりません」と述べ、「一族の偉大さはあなたの偉大さでもあるのです。（中略）あなたは家族全員を大切にせねばなりません。（中略）何かの事情から、利害が一致しないことになっても、家族はつねに愛し合わねばなりません。（中略）たえず心を一つにして、互いに助け合い、支え合っていくよう、あなたに命じます」[19]と付け加えた。さらに、「気配りと優しさと礼儀正しさをもって」統治し、「出費はできる限り抑えるよう心がけること」[20]と熱心に勧めている。

「結婚について」という別の文書では、「可能な限り」幸せな結婚についてのヒントが示されている。「最も確実な原則は、つねにどんな場合でも家庭での安らぎを最優先することです。そのために一番大切なのは、あらゆる点で妻の望みを寛大に受け止めることです。こうした寛大さはどんなに隔たった心をも近づけますし、長い目で見れば、少なくとも家庭での安らぎを与えてくれ（中略）、もはや自分の支配が及ばない女性の信頼を勝ち取ることもできるのです。（中略）最大限の配慮、礼儀正しさ、寛大さ、優しさこそが、幸せな生活をもたらしてくれるのです」[21]。つまり、妻との間には支配関係よりも友情を打ち立てる方が賢明だということだ。こうした様々な助言は、マリア・テレジアとの個人的経験から直接来ていると思われる。

フェルディナントは一七七一年にマリア・ベアトリーチェ・デステと結婚することになり、マリア・テレジアはフランツ・シュテファンの教示を息子に伝えた。ミラノ統治に向けた詳細な政治的訓示も渡したが、こちらは女帝の信頼を受けて派遣されたフィルミアンやクリスティアーニらに統治を任せよとの指示に近い。彼女はフェルディナントに、心して何にも——ことに法制には——首を突っ込まないことと説いている。法や習慣や原則に手を入れるには、熟考の上優れた識者に助言を仰ぐ必要がある。数年の間は、人々の前で立派に振る舞い、女帝の代理をつつがなく務めるのがせいぜいだ。突き詰めて考えれば、決定権は女帝にあるのだから[22]。

結婚後の監視と諜報

マリア・テレジアは、故国を去って新たな国に移り住む子たちに——中には、もはや一生会わない子もいた――、少なくとも週に一度は手紙を書いて、公私ともにあらゆる出来事や自分の行動を知らせるよう勧めた。いや、命令したと言った方が正しいだろう。彼女は子たちのあらゆる行動、彼らが直面する問題のすべてを知りたいと考えていた。彼女は助言を求められるのが好きで、そうした助言が忠実に守られることを願っていたが、残念ながら子たちはつねに母の教示に忠実ではなかった。彼らは週に一度の報告は怠らなかったものの、内容に目を向けてみると、問題を報告するのではなく隠そうとする努力の方が目立つ。しかしマリア・テレジアもまんまとだまされるほどお人よしではない。ありのままの事実を知るため、彼女は信頼できる男女を各所に配置していた。こうした者たちが女帝に嘘をつけるはずもなく、秘密裏に報告が送られていた。彼らの身元を挙げると、まず娘たちの嫁ぎ先に派遣されていた大使夫妻、自分の治める国へと旅立つ息子に付けた助言者たち、次いで子に仕える者たち、さらには兄弟姉妹を訪問する子たち自身だ。

こうした情報提供者の多くは、母子関係をこじらせまいと、非難の的になりそうなことをできるだけ婉曲に報告した。トスカーナ大公になったレオポルトの筆頭顧問ローゼンベルク伯爵もその一人で、たえず我が子を批判するマリア・テレジアをなだめようと苦労した。彼女が批判していたのはレオポルトの振る舞いや政治的決定ではなく――彼は帝国領で最も優秀な「統治者」だった――、その性格だった。息子は腹黒くて、粗暴で、不愉快で、妻に冷淡で、自分の意向が少しでも非難されたり反対されたりするのに我慢ならない性格だ、と。レオポルトを心から気遣っていたローゼンベルクはこうした批判を否定し、魅力的で勤勉でよき夫であることを強調した。ローゼンベルクによれば、レオポルトは確固たる信念を持ち、トスカーナの民から愛されている。しかしこうした賞賛の言葉にもマリア・テレジアは考えを変えず、我が子ながら誰に似たのかと自問しつつ、歯に衣着せぬ非難を書き綴った。オペラを楽しもうとルッカに足を運んだだけで、トスカーナ大公たる者、軽々しく出歩いてはならない、宮廷に留まって外国人の心をつかむべきであり、「娯楽のために、物乞いのように地方から地方へと渡り歩くべきではない。楽しむのは大いに結構。けれどもしかるべき流儀で」[23]と手厳しい叱責が飛んできた。ローゼンベルクは女帝に、大公の感受性の強さに配慮いただきたい、大公はたまに母君からほめられるだけで満足されるのです、と知らせたが、母は怒気を含んだように、「私から少々の欠点を指摘されて傷つくなどとは、嘆かわしいことです。（中略）私は口をつぐむことはできても、自分がよしとしないことを認めることなど決してできません。（中略）息子の手紙には心動かされるというよりも、苦い気持ちにさせられます。息子は私以外の者から邪魔されることに慣れておらず、そのために気を悪くしているのです」[24]と返した。

マリア・テレジアの叱責は容赦なく、鬱に陥る息子に皮肉を浴びせ続けた。彼女が「息子は政治面でかなり優れており、しっかりとしています。このまま初心を忘れないように。ただし用心を怠ってはなりません」[25]と認めたのは、ようやく一七六八年、レオポルトが二一歳になってからのことである。だが長所を認めはしても、批判は続く。レオポルトの娘たちを養育していたシュターレンベルク夫人から報告を受けていた女帝は、フィレンツェの孫娘たちの教育や、男孫たちのアヨの人選を手厳しく批判した。

彼女は、孫たちのアヨとしてイタリア人一人を付けるのはいいとしても、三人のドイツ人も付けるべきだと考えていた。だがシュターレンベルク夫人に激怒したレオポルトが夫人をウィーンへ送り返すことにしたため、マリア・テレジアは渋々ながらも譲歩するしかなかった。レオポルトはローゼンベルクに、「女帝が（シュターレンベルク夫人と）秘密裏に書簡のやり取りを続けるつもりなら、不信感はぬぐえないだろう」[26]と述べている。

どんなことでも相談事を持ちかけられるのが好きな母と、容易に心を開こうとせず、外向的ではない息子との確執は、母が没するまで続いた。レオポルトに対するマリア・テレジアは、立派な息子を持った女帝というよりも、息子の冷淡さや気質を批判し続ける母だった。

次に母のもとを去ったのはカロリーナで、ナポリ国王フェルディナンドと結婚して旅立った。一六歳にもならないのに、権謀術数渦巻くイタリア宮廷で認められねばならない。何よりもナポリ国王に気に入られねばならないが、肖像画を見た限りでは魅力的とはほど遠い。娘はずいぶんと未熟で軽率だと判断した母は、経験豊かな女性を一人付けて、娘を補佐させてほしいと希望した。しかし、自分たちの王妃が外国人から助言を受けることに宮廷がいい顔をするはずもないし、お目付け役の女性を送り込んだなどと思われたら、カロリーナに敵意が向かいかねない。結局この案は実現せず、マリア・テレジアは駐ナポリ大使エルンスト・フォン・カウニッツ[27]と彼の妻レオポルディーナに命じて、娘を補佐させ、その言動を自分に報告させた。レオポルディーナは到着したばかりのカロリーナについて、「欠点だらけの考えの足りない子で、これから先私たちはずいぶんと苦労させられるでしょう」[28]と述べている。だが二か月後にはすっかり考えが変わったようで、「王妃の振る舞いは優れており、国王といらっしゃるときは非の打ちどころがありません。(中略)機知にあふれていらして、とても感じがよろしいので、非凡な女性になられることでしょう。周囲のせいで、少々気が散りやすいのが気になるところではありますが」[29]と報告している。こうした報告がたびたびウィーンに送られ、マリア・テレジアは「娘やその生活についての報告をしてくださり、ありがたく思っています。ぜひ毎月報告を続けてください。今後は、報告がもっと正確に届くといいのですが。（中略）何かありましたら、さらに頻繁にお知らせいただくようお願いします。〔必要とあれば〕早飛脚を送っていただいても結構です。（中略）貴女のことは娘にも誰にも決して明かしません。こちらで貴女の手紙に目を通すのは私だけ、他に回覧したとしても貴女の義理のお父上だけです」[30]と返答した。

　レオポルディーナは約束通り、すべてを逐一女帝に報告した。「王妃について差し上げる報告がいつも同じだったらとは思いますが、好ましくない報告を隠してしまったら、女帝陛下を欺くことになりましょう。私たちがポルティチに来て以来、王妃はずいぶんと変わられました。理由はわかりませんが、ずいぶんと軽はずみになられ、私たちは不安を感じています」[31]。カロリーナは、母に説明しているように、夫を思いのままに操っていたが、この手紙は彼女が夫をおざなりにしていると示唆しているのだろうか。あるいは、レオポルディーナが妹に宛てて書いたように、「この世で最も軽率で、先のことを考えない頭の持ち主」であることを意味しているのだろうか。レオポルディーナの手紙には、「彼女は意地悪というわけではないのですが、我が国の大公女全員に見られる欠点をお持ちです。彼女は艶《あで》やかで、自分を美しいと言ってくれる人に好意を寄せます。わざわざ宮廷でも最悪の部類に入る女性方と親しくし、彼女たちといるときには、他の女性たちを揶揄します」[32]とも書かれている。彼女は、信仰心を忘れさせるような悪ふざけや娯楽にもふけっていた。女帝は夫人に、「娘の欠点には心を痛めておりますが、率直に報告してくださる貴女には感謝しています。（中略）貴女なら、私がこれほどの関心を向けている事柄に協力くださり、これに関係しうることを必ずやお知らせくださるものと信じ、その熱意を頼りにしています」[33]と答えた。

一七六九年の夏までは、カロリーナはレオポルディーナのことを友と信じ、全面的に信頼していた[34]。だがある時、国王と小船に乗って夜の海を楽しんだ一件がきっかけとなり、二人の信頼関係は崩れた。レオポルディーナから事の顚末を知らされたマリア・テレジアは[35]、スペイン国王に一切を知らせて大騒動となり、スペイン国王は「（女帝の）意見書の写しとともに激烈な手紙を（ナポリに）送った」[36]。女帝の手厳しい意見書には、若いナポリ国王夫妻は放埓な生活を送り、その振る舞いには良識のかけらもないとの非難が綴られていた。さらに「娘が『マドリードとウィーンにこちらの様子を知らせましょうよ。

きっとずいぶんと非難されるでしょうが、それを読んで、いつも通りの生活を送ればいいのですわ』と口にしたと聞いた」[37]とあり、こうした言動は嘆かわしいが、「信頼のおける者から知らされてきたことなので、残念ながら疑いの余地はありません」と書かれていた。カロリーナが密告者の正体を突き止めるのに、そう時間はかからなかった。レオポルディーナの夫がその夜の舟遊びとやらに同行を命じられていたからなおさらである。

こうして、諜報からマリア・テレジアとスペイン国王に連絡が行き、カロリーナは母から丁重ながらも非難がましい手紙を受け取ったというわけだ。数か月後にカウニッツ夫妻はウィーンへ呼び戻され、以降、カロリーナはオーストリア大使たちとは距離を取って警戒し続けた。

アマーリアは一七六九年七月にパルマ公と結婚したが、当時の状況はやや特殊だった。パルマ公国はスペイン領だが、ウィーン宮廷の大使は駐在していなかったので、マリア・テレジアは立て続けに二人の腹心を派遣して、アマーリアの行動を監視させた。一人は、成婚から一七七〇年四月ないしは五月まで駐在したフィリップ・フォン・クネーベル、もう一人は、フランツ＝クサーヴァー・フォン・ローゼンベルク伯爵で、一七七一年と七二年に二度、彼女にあるべき道を説くよう命ぜられた。彼らの残した言葉から判断すると、二人は女帝の公的使者として派遣されたため、秘かな監視役とかスパイというわけではなかったようだ。だがおそらく、マリア・テレジアは別の秘密ルートからも情報を得ていたと思われる。少なくとも、アマーリアがパルマに移り住んだ当初は、ウィーンから従ってきた女性たちが報告を送っていたはずだ。クネーベルは、パール夫人についても同様のことを述べている。「当地でずいぶんと悪さをした」[38]と書いており、コロヴラート伯爵夫人[39]についても同様のことを述べている。二人とも一七七〇年当時パルマに滞在していた女性で、彼女たちの帰国後は、アマーリアの筆頭女官マラスピーナ侯夫人がスパイの役割を担った可能性が高い。彼女はアマーリアからずいぶんと嫌われていたが、女帝からは高く評価されており、夫人から女帝に宛てたごく平凡な内容の手紙も[40]、二人が書簡を交わすほど近かったことを示している。

マリア・テレジアが通信相手に、微妙な内容の私信はすべて燃やすようにと頼んでおり、自分でもそうしていたこと、パルマへ発つ前のクネーベルに、娘の言動を逐一知らせてほしいと伝えていることから考えて、現在まで発見されないまま消失した秘密書簡があったと推定できる。

アントーニアは一七七〇年四月二一日にウィーンを発って、フランス王太子のもとへ向かった。その二日前に代理結婚式を終えた彼女は、まだ一四歳半の少女だった。マリア・テレジアは娘を案じる心の内を隠さなかった。末娘が無邪気で軽はずみなことはわかっている。それなのに、手練手管に長けたヴェルサイユの宮廷人の中に飛び込ませねばならないのだ。少女は「優しく、自分の定めに向いた気質の持ち主で、わがままなところもとげとげしいところも一切ありません。よく笑い、戯れるのが好きです」[41]との報告があるが、これでは先々の計略をやり過ごすには心もとない。この魅力的な娘は軽率で、人生経験もなければ、政治の素養もないので、頼りがいのある導き手が必要だ。そこでマリア・テレジアがフランスに派遣した大使メルシーとヴェルモン神父が教育を引き継ぐことになった。娘には毎月読むための厳格な覚書を渡したし、夫婦の義務やキリスト教徒としての務めを繰り返し説き、訓示を記した手紙も送ったから、ヴェルモン神父の助けを借りて守っているはずだ。だがそれでも陰謀の危険を回避できるわけではないことを、女帝はわきまえていた。そこで彼女は、メルシーとの第二書簡という新たな諜報戦略を編み出した。第二書簡は秘密裏に交わされた。つまりマリア・テレジアは定期的に三つの書簡のやり取りをしていたことになる。一つはアントーニアで、母からの訓示に無条件に従いますと明言しながらも、痛いところを突くような質問にはなかなか答えない。もう一つはメルシーとの公的なやり取り。そして最後の一つがメルシーとの秘密書簡で、アントーニアの私生活が微に入り細に入り報告された。加えて、女帝はしばしばこうした秘密書簡をヨーゼフ二世やカウニッツに見せており、「極秘事項――彼女の言葉を借りれば『秘密《スクレティシム》』――については、自分だけに宛てた、いわゆる『あなた限りの《ティビ・ソリ》』書簡を希望した」[42]

フランス王太子妃マリー・アントワネットは、母の目論見など想像だにせず、進んでメルシーに相談事を持ちかけ、助言を仰いでいた（ただしそれに従うことは稀だったが）。メルシーは「王太子妃の本音を聞き出すようヴェルモンに指示し、ヴェルモンは熱心に役目を果たした。メルシーは王太子妃、マダムと呼ばれるルイ一五世の王女たち、さらには国王の周囲にまで諜報網を張りめぐらせた。そうした諜報網の中には、デュルフール侯爵夫人のような宮廷人もいれば、金で雇われた小間使いや召使などの下級スパイもいた」[43]

マリア・テレジアは、メルシーから詳しい報告を受け取るたびに娘に手紙を書いた。そうした手紙は耳に痛く、容赦ないこともあり、まるで子ども相手のような命令や警告がちりばめられている。将来のフランス王妃はつねに母に服従の態度を示しつつも、行いを改めることはなかった。母はどうしてこれほど事細かに自分の言動を知っているのかと首をかしげることはあったが、信頼する二人の男性が母のスパイだとはつゆほども疑わなかった。

マリア・テレジアの子たちのうちで、最後に結婚したのはフェルディナントだ。彼は一七七一年一〇月に、四歳年上でモデナ公エルコレ三世の娘マリア・ベアトリーチェ・デステと結婚した。彼は妻に夢中になり、妻は義母の忠告に従うふりをしながら、年下の夫を支配した。フェルディナントは母を深く慕い、感服し、何かあるごとに助言を仰いでいたが、つねに言うことを聞いていたわけではなかった。レオポルト夫妻同様フェルディナント夫妻も、マリア・テレジアの腹心、ジギスムント・フォン・ケーフェンヒュラーとその妻アマーリアに囲まれていた。アマーリアはベアトリーチェを監視し、定期的に女帝に報告書を送っていたが、その内容は決して耳に心地よいものではない。一方、ジギスムントは、報告があまりに不定期だと注意された[44]。どうやら、彼はフェルディナントの傾向や振る舞いについて、好ましくない情報を送って女帝を怒らせたくなかったようだ。フェルディナントが「自らの権威をあまりに広げようとした」ために、女帝がローゼンベルクをミラノに送り込んだのにも、こうした背景があったのだろう。「〔ローゼンベルクは〕厳しい忠告と女帝の命令を伝えるよう命じられた」[45]

いずれにせよマリア・テレジアには、ケーフェンヒュラー夫妻のような腹心がいたし、夫妻が一七七五年に離任した後も忠実な者たちに命じて息子の一挙手一投足を報告させ、彼の高慢な態度や知識の欠如や不衛生さや信仰心に欠ける生活について報告を受けていた。

女帝の義務の勝利

マリア・テレジアが子どもたちの将来を決める際の主な判断基準は、帝国の国益だった。それが母としては痛みが伴う場合でも、である。ヨーゼファのときは、結婚式が近づくにつれ、落ち着かない気持ちが募り、「娘を見るたびに、心が張り裂けそうになります」[46]と心の内を吐露している。だが、政治の犠牲にされたのはヨーゼファだけではない。

翌年、カロリーナが亡きヨーゼファに代わってナポリへと旅立ったが、マリア・テレジアの心はやはり痛んだ。だがアマーリアやアントーニアのときは少し違っていて、母としてよりもむしろ女帝としての不安の方が強かった。娘はしっかりと役目を果たすだろうか、母、いや女帝の面目を保ってくれるだろうか、と。

子どもたちのうち三人――マリアンナ、エリーザベト、マクシミリアン――を結婚させないことにしたのも、女帝としての決断だった。二人の娘はそれぞれクラーゲンフルトとインスブルックの修道院で在俗修道院長を務め、マクシミリアンはドイツ騎士団総長に就任した。病弱で先天的な健康問題があったマリアンナを嫁がせないのは理解できるにしても[47]、他の二人も独身のままに留めおいたことには首をかしげざるを得ない。トラウトゾン侯夫人によれば、エリーザベトは一七六七年に天然痘で容貌が損なわれる前は、姉妹で一番の器量よしと言われるほど魅力的だったそうだ[48]。縁談は何度か持ち上がったが、いずれも実現しなかった。一七六七年にポーランド国王スタニスワフ・ポニャトフスキとの縁談が浮上したときにはロシア女帝エカチェリーナ二世が横槍を入れ、従兄弟シャブレー公爵との縁談も立ち消えとなった[49]。一七六八年に妻を亡くしたルイ一五世も、愛人デュ・バリー夫人との関係に目くじらを立てる王女たちの気をそらすために、エリーザベトとの結婚を考えたことがあったようだ。やはり妻に先立たれたスペイン国王カルロス三世との縁談も噂されたが、肝心の本人が再婚に乗り気ではなかった。実際に正式に結婚を申し込んだ唯一の男性はプファルツ＝ツヴァイブリュッケン家のカール・アウグストだった

（一七七〇年一二月）が、すげなく却下された。理由は、一七六八年にアマーリアとの結婚を拒まれたときと同じで〔99頁参照〕、大公女にふさわしくないからだった。[50] 加えて、女帝はすでに四人の娘たちを嫁がせており（中でもアントーニアは盛大な婚儀だった）、持参金がずいぶんと高くついたため、これ以上結婚のために出費をするつもりはなかった。もともと自分の縁談がおざなりにされていると不満を持っていたエリーザベトは、母の決断にずいぶんと腹を立てた。「〔エリーザベトは〕兄君のヨーゼフから、結婚しないとは残念だと言われて、『クリスティーナ姉さまのように、どなたか私に旦那さまを買ってくださいませんこと?』と答えました。この辛辣な言葉を耳にした母君はことのほか不愉快に思われて、ご自分の居室への出入りを禁じました」[51] との話が残っている。エリーザベトの「日頃から極端に無分別な」[52] 性格を警戒していたマリア・テレジアが、醜聞を恐れて、縁談にさほど乗り気でなかった可能性も否めない。

マリア・テレジアは早くも一七七三年に息子のフェルディナントに宛てて、「マクシミリアンを結婚させるつもりは全くありません」[53] と知らせているが、その理由には言及していない。だが一年後には、「〔マクシミリアンは〕心優しいフェルディナントとは違うのです。彼は妻を幸せにするような男性ではないのです」[54] と説明している。ただこうしたまやかしの言い訳を信じる者などいない。ローゼンベルク宛ての書簡にある「息子は独身のまま、軍人として生きる定めなのです」[55] との言葉も、あたかも結婚と軍務は両立しないかのように聞こえて虚ろだ。マリア・テレジアはマクシミリアンを、叔父カール・アレクサンダー・フォン・ロートリンゲンの後継者としてドイツ騎士団総長に就けようと決めていた。そのため、マクシミリアンは一四歳になると、叔父から騎士団補佐という顕職に任命された[56]。この若者が自分の将来をどう考えていたのかは定かでない。兄レオポルトから「自分のために生きる善良な人間（中略）。何にも動じず（中略）、大衆からは薄弱で大した能力もないと思われ、親しまれている」[57] と評されたマクシミリアンは、心の内をうかがわせる手がかりを残さなかった。

　末子の将来について、マリア・テレジアにはほかに選択肢がなかったのだろうか。その地位にふさわしく、女帝の代理として治めるべき属領はもう残っていなかった。しかもドイツ騎士団総長という職は誉れ高く、居心地もいい。マクシミリアンは在俗のまま総長職を務めることもできたが、聖職者の道を選んだ〔マクシミリアンはバイエルン継承戦争に従軍したが、その時の負傷がもとで軍務を離れた〕。就任式前日、マリア・テレジアは娘のクリスティーナに、「私にとって、明日はひときわ感動的な日になることでしょう。我が子が聖職者になるなど実感できません」と書き、当日も「貴女の弟がどれほどの信仰心をもって入会したかを言い表すことができません。私がどれほど心打たれたかは、想像できるでしょう。私の心は理性とは一致しないのですからなおさらです」と記している。[58]

権威への抵抗

消極的な抵抗

子どもたちは成人し、ヨーゼフ二世のように一国の支配者になった者もいれば、支配者の妻になった者もいるが、誰もが母の命令や叱責に同じような反応を示したわけではない。とりわけ遠く離れて暮らしていた子たちは特殊なケースだった。それでも皆一様に、女帝から嫌われることを恐れていた。「女帝をお慕いしてはいます。けれども、遠くに離れていても恐れております。手紙を書いているときでさえ、女帝を前にすると落ち着かない気持ちになるのです」[59]とはアントーニアの言葉だが、彼女だけでなく、ナポリに嫁いだカロリーナも六一歳にして、母を「畏《かしこ》きマリア・テレジア」と呼んでいる。子たちは母を心から尊敬していたが、「非常に恐れて」[60]もいた。

クネーベル男爵は、パルマに住むアマーリアの言動に関する報告書で、「大公女さまのために公正を期して申し上げれば、大公女さまは陛下を慕っていらっしゃいます。大公女さまのうちに見られるのは親愛の情だけですが、恐れが完全に晴れればと思います」と書いている。アマーリアは彼に「ここのところ、あまりにも厳しく叱られてばかりなので、毎日手紙が来るのが怖いのです」[61]と漏らした。

子たちのうち五人は消極的に反抗しただけで、心の内を明かさなかった。マリアンナは宮廷を去った。彼女は「社交界とはずいぶんと距離を置いて暮らし、完全に信用できる者としか会わなかった。過度の信仰心を誇示し（中略）、シェーンブルンの植物園で長い時間を過ごし、精力的に博物史の品々を蒐集した。（中略）家族の誰にも親しまず、お付きの者たちと孤独に暮らした」[62]

女帝から軽んじられていると感じていたマリアンナは、母をも避けて暮らした。トスカーナのレオポルトやミラノに住むフェルディナントは、女帝との衝突を何としてでも避けようと苦心した。マリア・テレジアからレオポルトに宛てた手紙[63]もレオポルトから母に宛てた手紙もほとんど現存しないが、わかっている限りでは、ローゼンベルクが駐在していた時期、女帝は息子をたびたび叱責し、ローゼンベルクは二人の仲を取り持つのにたえず苦労を強いられた。彼の後に二人の間に入ったのがヨーゼフだ。レオポルトとマリア・テレジアはお互いを避けていたようで、レオポルトは妻を連れて四度ウィーンを訪れたが[64]、母との仲は慇懃ながらもあくまで他人行儀で、マリア・テレジアは息子夫婦の出発に寂しい様子も見せなかった。むしろ「胸をなでおろした」と漏らしている。意見の不一致が表面化することもあった。マリア・テレジアがレオポルトをさしおいて、彼の子どもたちの教育について第三者に指示を出したのもその一つで[65]、教育熱心なよき父で、自ら子どもたちに手ほどきするつもりだったレオポルトは立腹した。対立が起こるたびに彼は憤慨し、傷ついた。ヨーゼフはレオポルトに味方して彼のために動き、この一件は落着した。それでも女帝は一七六八年に、ナポリ王妃として新たな生活を始めるカロリーナの力になるようにとレオポルトに言いつけ、一七七二年には道を踏み外したアマーリアの態度を改めさせせよと命じた。レオポルトは一族の厄介事に巻き込まれるのを嫌い、アマーリアに大して愛着も抱いていなかったが、渋々指示に従った。ただし成果は決してはかばかしくなかった。

フェルディナントもやはり母の叱責に静かな反抗を示したが、そのやり方は違っていた。いくら母から怠慢、無頓着、口汚い、軽はずみと非難されても、彼の反応はいつも同じだった。謝罪し、行いを改めます、お母さまを愛しています、服従しますと約束しておきながら、何も変えようとせず、まるで何事もなかったかのように同じ態度を取り続けた。だがマリア・テレジアの心は息子の優しい言葉に和らいだ。

　フランス王妃、ナポリ王妃となった娘たちも同様で、時と共にますます自由奔放に振る舞った。遠くの国に移り住んだ愛らしい娘たちは、それぞれ宮廷の注目の的となり、母の厳しい叱責は王妃という地位とはちぐはぐに感じられた。さらに当初は政治に首を突っ込まないようにと説いていたマリア・テレジアが、それとは反対のことを娘たちに要請するようになったからなおさらだ。無能なナポリ国王や、スペイン国王の腹心で権力を振るっていた宰相タヌッチを相手に、女帝はカロリーナが男の子を出産後に閣議に加わるよう主張した。女帝は徐々にナポリ統治の手綱を握るようになっていった。アントーニアはと言えば、一七七八年のバイエルン継承をめぐってプロイセンとの「戦争」が勃発した際に〔バイエルン選帝侯が継承者のいないまま他界したために勃発したオーストリア対プロイセンの戦争。実際には戦闘はほとんど行われなかった。196頁参照〕、母と兄ヨーゼフ二世から、オーストリアに有利になるようにフランス政府を誘導してほしいと頼まれた。「自分が生まれながらのドイツ人であることをお忘れなく」と言われたアントーニアは実行に移したが、ルイ一六世によりあっけなく退けられた[66]。その後の状況を見れば、彼女に助力を請うこと自体が間違いだったとわかるだろう。

ヨーゼフ二世――積極的な反抗者[67]

マリア・テレジアにとってもヨーゼフ二世にとっても、共同統治は悪夢に等しかった。この悪夢の元凶となった波乱含みの母子関係を理解するには、それ以前の時代に目を向ける必要がある。

世継ぎの誕生はマリア・テレジアに限りない幸せと誇りをもたらした。彼女は息子を深く愛し、息子もこれに応えた。彼は絶大な権力を持つ母に同化する一方、力では劣る父には、他界後にある種の軽蔑を示した。ヨーゼフが女帝の協力者ではなく、マリア・テレジアの愛息である限りは、親密な母子関係は安泰だった。従順な息子は母に心酔した。どこかで恐れてもいたのかもしれない。しかしそうした関係こそが、二重の確執を生むことになる。マリア・テレジアにとって、共同統治はそれまでの時間の流れの延長線上にあったが、ヨーゼフにとっては、新たな時代の幕開け、束縛からの解放だった。さらに父の死と高齢が重なって弱っていく母を見るにつけ、自在に権力を行使する時が来たと確信するようになった。だが女帝やその腹心、外国大使たちの考えは違っていた。尊大で、傲慢で、プロイセン国王フリードリヒ二世のように軍事拡大を目指すヨーゼフは、周囲の人々に警戒心を起こさせた。

共同統治が始まった数か月後、フランス代理大使は次のように報告している。「皇帝についての大方の見解：司法、治安、経済などあらゆる主要領域について、彼は尊大な態度で対処しています。まだ若い皇帝がこうも老成した風情なのはけっして快いことではありませんし、その柔軟性を欠いた性格は恐れられています。特に軍事への熱意は不安の種であり、君主制の安泰を脅かすことも予想されます。実際のところ、女帝が存命中は好戦的な皇帝を抑えるだろうと言われていますが、崩御の暁には、皇帝が腕試しの誘惑に勝てず、戦乱を巻き起こさないとも限りません。そうなればごく危険な事態となるでしょう」[68]

代理大使はその二週間後にも、「皇帝の独立心は日ごとに高まっているようで、女帝は彼の態度に不満を抱き始めています。彼が権力をそっくり掌握し、自分を軽んじるのではないかと危惧しています。今の段階では秘かに不満を抱き、母としてなだめているだけですが、雲行きが怪しくなれば、対立が勃発する恐れもあります」[69]「彼の人徳はさほどあてになりません。自信満々なので、変化や改革を唱えるでしょうし（中略）、支配欲から過ちを犯すことになるでしょう。特に母である女帝の権勢が消えたときです。(中略)彼の功名心や名誉欲は、平和よりもむしろ波乱含みの治世の到来を告げています」と報告した[70]。

間もなく雲行きが怪しくなり、嵐がやってきた。彼女は母として、そして女帝として、息子の私生活やキリスト教徒としての振る舞い、自分への態度、政治決断を次から次へと批判した。さらに友人や腹心にヨーゼフとの不和を打ち明けたので、二人の衝突は誰もが知るところとなった。不満は一七七〇年、七一年頃から募っていったが、あくまで息子に対する母の不平であり、女帝としてのマリア・テレジアはより慎重だった。ヨーゼフはあからさまに不機嫌に振る舞い、母を批判することで女帝との政治的対立を表明した。かなり激しい口論になり、宮廷や大使の話題になったこともある。ヨーゼフは母との衝突も辞さなかったが、最後には女帝の決定を受け入れざるをえなかった。それでも何の決断もせず、現状維持に甘んじている、と母を批判した[71]。端的に言えば、もはや女帝に統治能力はないので、息子に譲るべきだというのだ。衝突はますます頻繁になり、彼は取り返しのつかない言葉を吐く代わりに、母を避けることで溜飲を下げた。

マリア・テレジアはヘルツェル夫人に宛てた長い手紙の中で、自分に対しぞんざいになる一方のヨーゼフの態度について不満を吐いた。「私は〔ヨーゼフ二世の前に〕立ちはだかり、邪魔する唯一の人物なのです。（中略）どうしたら息子に愛想よく言い聞かせられるというのでしょう。息子は私と顔を合わせないよう、少なくとも二人きりにならないよう、細心の注意を払っています。息子の亡き妻（二番目の妻マリア・ヨーゼファ）ともこうした厄介事がありました。息子は自分が間違っているとわかっているのですが、認めたくないばかりに私を避けているのです。（中略）私が息子に会うのはゲームの始まる夜の七時半だけで、後は一人で食事をとります。（中略）私はどんなことにも口をつぐんで毒を飲み込み、無駄な口論を避けています。（中略）敬意と親愛の情をもって私に接していた時代は過ぎました。今ではすっかり様相が逆転して、肩をすくめてばかりです。（中略）息子は自分の名声に私が嫉妬していると思っているのでしょう。（中略）私はたえず反対され、動揺し、結局は押しつぶされてなすがままなのです」[72]

ヨーゼフはますます母と距離を置き、あらゆる機会を利用して旅に出た。夏になれば、閲兵と称して帝国各地へ足を運び、レオポルトやカロリーナの住むイタリア、アントーニアの住むヴェルサイユを精力的に訪問した。母には慇懃な手紙を書き送ったが、政治にはほとんど触れず、別離の時間だけが長引いた。同時に、「不幸なことに母と息子の性格は相いれず」、彼は「世間と距離を置いて思うままに生活しようと」[73]ベルヴェデーレ宮殿を修復させた。

マリア・テレジアは妥協を模索した。「あなたの意図に疑問の余地はありませんし、意図に伴う行動を見ればそれは明らかです。私の意思もご存じでしょう。(中略)私が望むのは民の幸福だけです。真の公正な意図を持ちながら(中略)、私たちの意見が一致せず、口論になり、その結果不満が生じるのはなぜでしょう。(中略)私たちは相手の欠点にばかり気を取られて、自分の過ちを反省して直そうとはしません。(中略)何度もお願いしてきたように、手紙でも口頭でも結構ですから、私の欠点や弱点を率直に教えてください。私も同じようにしましょう」[74]

ヨーゼフがこの和解案にどう応えたのかは不明だが、不和と衝突は深刻化するばかりで、マリア・テレジアが没するまで続いた[75]。時と共にヨーゼフは母の政策と対立して独断で動き、母はそうした行動を直ちにはねつけた。母は息子をこき下ろし、息子も母の衰えを示す兆候を声高に指摘し、母の仇敵プロイセン国王への心酔をはばかることなく宣言して、母を侮辱した。実際のところヨーゼフの言葉とは裏腹に、女帝は統治の手綱を決して――あるいはほとんど――緩めなかった。重要な案件では必ず自らの意思を通したが、そうし

た行動が原因となって、母子は決定的に決別しかねなかった。p

アマーリアとの確執

アマーリアはパルマ到着早々、自分に関係のないことに口を出し、すべてを支配しようとの意思を公然と示した。宰相を務めるフェリーノ侯爵デュ・ティロはカルロス三世、ルイ一五世、マリア・テレジアという三人の君主から一目置かれ、支持されてもいたが、統治を狙うアマーリアはその政策に異を唱えた。さらに彼女は軽薄な生活を送り、宮廷作法を一掃しようとした。マリア・テレジアは腹を立て、パルマ公の祖父であるスペイン国王に介入を要請したため、スペインの閣僚グリマルディがパルマに派遣された。グリマルディは、宮廷を大混乱に巻き込んでいたアマーリアについて手厳しい報告を書き[76]、素行の悪い娘のせいで顔に泥を塗られた女帝は激怒し、娘の悪評が、進行中のアントーニアの縁談に不利に働くのではと危惧した[77]。ウィーンからパルマへ送られる書簡は次第に熱を帯びる一方、女帝はあまりに厳格だと考えていたクネーベルは、アマーリアに同情して、「すでにご実家を出られたのですから、法的にはもはや母君に従属されているわけではなく、女帝陛下がウィーンで権力を振るうのと同様、アマーリアさまもパルマの支配者であられるのです」[78]と進言するという大きな過ちを犯した。

クネーベルはマリア・テレジアを何とかなだめようと、あれこれと動いて娘への思いやりを説き、自分のことしか眼中にないアマーリアにも働きかけたが、状況は悪くなる一方だった。そこでローゼンベルクが事を処理するためにパルマへ派遣された。彼は対立を緩和し、宰相と和解して宮廷作法を復活させるようアマーリアを説得する決心を固めていたが、結果は決して満足のいくものではなかった。「大公女殿下はローゼンベルク伯爵に一切妥協しませんでした。（中略）伯爵の忠告に耳を傾ければ、女帝陛下に逆らえなかったのだと言われ、味方からも敵からも、自分が侮辱されていると思われるだろうと考えたのです」[79]

二か月後にクネーベルがアマーリアの性格について記したマリア・テレジア宛ての報告書は非常に辛辣で、受けてきた教育の悪さが原因だと断じている。「彼女は独断的で（中略）、心も気質も取りつく島がありません。（中略）信仰心はありますが、確固たる教養ある規範や信条はというと、道徳心と同じくらい欠けています。（中略）彼女は進んで真実をないがしろにし（中略）、策略をめぐらすのです」[80]。同時に彼は、間接的原因は女帝にあるとして、アマーリアを弁明しようとした。彼曰く、すべての原因は愛を知らずに、と言って過言なら、あまりに厳しく育てられたことが原因だ。女帝はアマーリアが負債に関して嘘をついてきたことに立腹し、書簡のやり取りを打ち切ると威嚇したが、クネーベルは威嚇を実行に移さないよう強く主張した。「激しい性格の持ち主は、あまりに厳しい仕打ちを受ければ絶望するでしょう。(中略)とんでもないごまかしは女帝陛下を喜ばせたい一心から来るもので、いくら私が和らげようとしてもしつこく残っている恐怖心が原因なのです」[81]。だがこうした言葉にも、マリア・テレジアの心は動かなかった。意気消沈したクネーベルは一七七〇年三月に暇乞いをし、アマーリアも母からの警告を無視し続け、行動を改めることはなかった。娘の不服従にげんなりしたマリア・テレジアは、腹心ローゼンベルクに二三か条の苦情を綴った書簡を託して再びパルマに送り込み、服従か決別かの二者択一を迫った。面談では激しい応酬が交わされた[82]。アマーリアは虚言と隠蔽を重ねたが、ローゼンベルクから数々の証拠を示されると、見かけだけでも服従を示す手紙を母に書くと約束した。ただし譲歩は一切しない。「自分は従うという言葉が大嫌いだから、(中略)無条件に宰相に従う」[83]など論外だ。生活態度や交流関係を改めるつもりもない。「自分の命やお母さまの思いやり、夫の愛情、娘の幸せを引き換えにしてでも、そんなこと（行動を改める）よりすべてを失う方がましです。（中略）もし一度でも譲歩したら、〔母は〕その後もフランスやオーストリアをだしにして私たちに影響を及ぼそうとするでしょうから」

ローゼンベルクの見立て通り、アマーリアが母を見限ったのであり、その逆ではなかった。彼は女帝に宛てて以下のように状況を説明している。「〔アマーリアは〕フランス国王、スペイン国王、そして女帝陛下から課されたあらゆる抑圧や束縛を崩そうとしています。女帝陛下については、母は私が結婚して以来自分とは関係のない事柄に口を出そうとばかりするけれど、そんなことをしても状況は悪くなる一方だとおっしゃいました。（中略）公妃の手に負えない頑固な性格をお察しください」[84]

アマーリアはすげなくローゼンベルクを送り返し、パルマ公は彼に挨拶することさえ拒んだ。女帝は面目を保つために予告していた威嚇を実行せざるをえず、しばらくの間断絶状態が続いた。一年以上もの間、アマーリアのもとには帝室の誰からも手紙が届かず、マリア・テレジアは怒りに任せて、「大きな代償を払わねばならないことはわかっています。けれども私は義務を果たしているのです。（中略）私にとって娘は死んだも同然です」[85]と痛烈な言葉を吐いた。

母の感情の勝利

母から愛情を、女帝から寛大な情けをかけてもらうにはどうすればいいか。その答えはマリア・テレジア自身が何度も示している。曰く、「私に真の愛情を最大限示し、私の助言に従い、請うこと」[86]。兄弟姉妹のうち四人はそれなりに熱心にこのルールを守ったが、結局のところ彼女は子どもたち全員を愛していた。

マクシミリアンが母から愛情をかけてもらったのは、兄姉に比べてずっと後になってからのことで、一八歳になるまでは酷評されていた。彼は一七七四年から翌年にかけ、叔父カール・アレクサンダー・フォン・ロートリンゲンが住むブリュッセルやヴェルサイユ宮廷を訪れた。旅に同伴したローゼンベルクのもとには、マリア・テレジアから息子を批判する手紙が送られてきていた。この旅の肝は、感情を容易に見せず、社交術にうとい若者のぎこちなさを取り除くことだ。「貴公にはただただ、息子の人格形成に集中していただきたいと思います。息子には機知も才能もあり（中略）、善良で陰険なところもありませんが、心の内をとんと明かさず、外見も表情もとても感じが悪いのです」[87]

もう少し後に書かれた手紙にも、マクシミリアンは無気力で怠惰で、感じがよいとは言えず、いつもあくびばかりして、他人に無関心だと書かれている。兄ヨーゼフも同意見で、「女帝陛下宛ての弟の手紙はそっけなく、冷淡で、何とも退屈な内容です。(中略)感情のかけらも感じられません。美徳を備えた要求の多い方に恋でもすればいいのですが。弟の無関心を直すにはそれが最後の手段です。それでも変わらなければ、あきらめるしかありません。今の態度が変わるなどという期待は一切持たないことです」[88]と記した。マリア・テレジアは「氷のような冷淡さ」[89]とまで言い切ったが、同時に「あの子は私との別離に心を痛めています。私はあの子のことをよく知っているのでわかります。けれどもフェルディナントほどには自分の気持ちや優しさを表面に出さないのです」[90]とも口にしている。

弟マクシミリアンをずいぶん可愛がっていたフェルディナントによれば、彼は二度目のイタリア旅行中に[91]変わったようだ。フェルディナント曰く、「(弟は)成長し、ずいぶんとよくなったと言えるでしょう。純真で明るくまっすぐな性格はまったく変わらないまま、ぎこちなさが一皮むけました。特に多くの人々を前にしたときです。(中略)彼はすべての人に話しかけ、誰に対しても礼儀正しく振る舞いました」[92]。かつては彼にさほど目をかけていなかった兄レオポルトも同意見で、ローゼンベルクに宛てて「私は弟マクシミリアンにこれまでになく満足しています」[93]と書いている。マリア・テレジア自身も、あの子はウィーンでずいぶんと変わった、前よりも外向的になり、思いやりがあり、好ましくなったと認めている。「マクシミリアンにはとても満足しています。（中略）週に二回たくさんの方々に会いますが、彼は立派に振る舞っています」[94]。マクシミリアンは軍人として磨きがかかり、母は誇らしげに「軍隊きっての大隊長」[95]と綴った。社交的になった彼は叔父カール・アレクサンダー・フォン・ロートリンゲンの後を継いでドイツ騎士団総長となり、マリア・テレジアをして「私は息子にこれ以上ないほど満足しています。彼は熱心で、勉学に励み、全力を尽くしています」[96]と言わしめた。マクシミリアンは進んで女帝の決定に従い、聖職者の道を歩んだ〔167頁参照〕。剃髪式が近づくに従い母の心は痛んだが、息子は母への愛情を示し、二人の間の距離は縮まった。

彼女は何度も末子のフェルディナントとマクシミリアンを比較しているが、お気に入りは文句なしにフェルディナントだった。彼に母の自尊心をくすぐるような美点があったからではなく、母に気に入られるすべ、服従を示す——少なくとも口先では——すべ、愛情を見せるすべを知っていたからだ。彼は早いうちから、母に愛されるには口答えは禁物であることを見抜いていた。

マリア・テレジアはフェルディナントの数々の欠点も知り抜いていたし、他愛のない悪癖（「妻を身震いさせるような」不衛生[97]大食、いたずら、悪ふざけ、殴り合い、使用人たちとのなれなれしさなど）から深刻な欠点まで、詳細な報告を受けていた。彼は無気力な上に怠惰で、〔パルマの〕宰相にも「統治には青二才のリャノよ、そちは未熟にもかかわらず、人を断じようとする。（中略）そちが断じる者たちから忌み嫌われるのも当然だ」[98]と、乱暴で傲慢な言葉を吐いた。さらにたちの悪いことに、人生の規範、知的な読書、カトリック教徒としての継続的な信仰の実践とは無縁で、軽はずみだった。何度警告を受けても、適当にこびへつらいながらその場しのぎで謝罪し、欠点を直すと神妙に約束する。「女帝陛下が私の謝罪を聞き入れてくださったことをうれしく思います」[99]「女帝陛下の寛大さに心打たれました」[100]「我らが尊敬すべき母上のご意向にあらゆる点で沿いたいと思います」[101]云々。マリア・テレジアは感動した面持ちで、「出自にふさわしく、立派なキリスト教徒、素晴らしい息子、よき夫、優れた統治者になるとの誓いを立てる息子を持って、私はこの上なくうれしく、心なぐさめられる思いです」[102]と答えている。何かにつけて愛情を表現するフェルディナントに、マリア・テレジアは甘かった。「あなたの愛情をひしひしと感じます。それがどれほどの喜びをもたらしてくれるか、想像してごらんなさい」[103]。一七七二年の大晦日、彼女はフェルディナントを手放しでほめる言葉を綴って一年を締めくくった。「あなたに悩まされたことはほとんどありませんし、若いにもかかわらず、期待以上に大きななぐさめを与えてくれました。私たち二人のためにも、あなたには変わらずにいてほしい、幸せでいてほしい、年老いたママをこのまま満足させ続けてほしいと願うばかりです。抱擁と心からの祝福を込めて」[104]

互いへの愛情はマリア・テレジアが没するまで続いた。女帝は彼のミラノ総督としての手腕にはさほど満足してはいなかったが、兄弟たちの誰よりも母に愛情を示したのはフェルディナントだったろうし、マリア・テレジアも「私に関することや、私の義務にずいぶんと関心を向けてくれる」[105]と述べている。たとえば息子が、真冬に母の部屋の窓が開いているのはよくないと文句をつけると、母は「この年老いた友に何と優しい心遣いをしてくれることかとほろりとしました。（中略）窓はもう閉まっています」[106]と答える。何度、この息子を与えてくださったことを神に感謝したか[107]。「老いたママのことを思いやってくれるあなたのことを、私も同じように気にかけています」[108]。マリア・テレジアの他界する数日前、フェルディナントは母への愛情を綴った最後の手紙を送った。「お母さまが終油の秘跡を受けたと聞き、ざわついた心のまま手紙を書いています。愛してやまないお母さまに、この恐ろしい瞬間の我が心の内をどう語ったらよろしいでしょう。女帝陛下は私のすべてです。この心が感じうるあらゆる感情は、お母さまのうちで一つとなっています。私のただ一つの目的、それはお母さまなのです」[109]

彼にとって、母の死はまさに「切断」であった。

成人した六人の娘のうち、マリア・テレジアは特に二人に格別の愛情を示した。ナポリ王妃カロリーナとクリスティーナである。カロリーナは一七六八年四月にナポリへ発ち、その後母と会うことは二度となかった。マリア・テレジアは生涯この子に対する後ろめたさをぬぐいきれなかった。女帝として、娘を粗野なナポリ国王フェルディナンドに嫁がせて政治の犠牲にしたものの、母としての心は痛み、ずいぶんと涙を流した。なぜ彼女はこれほどまでにカロリーナを愛したのか。その秘密はマリア・テレジア自身が語っている。子どもたちの中でこの娘が自分に一番似ているのだ[110]。カロリーナの初産が迫る頃、マリア・テレジアは万が一のことを思うと恐ろしいと告白している。「率直に申して、心配でたまりません。娘のことが本当に可愛いのですが、実際愛されて当然の子なのです。娘の存在は大きななぐさめです」[111]。のちにクリスティーナはイタリアを長期訪問し、兄弟（レオポルトとフェルディナント）姉妹（アマーリアとカロリーナ）のもとを訪れたが、その際も、マリア・テレジアは彼女にカロリーナをほめる内容の手紙を書いた。「私が貴女の妹をどれほど大切に思っているかご存じでしょう。あの子のために公平を期して言いますが、貴女に次いで私に最も愛情を示し、助言に耳を傾け求めてきたのはあの子なのです」[112]。クリスティーナからの報告は母を喜ばせ、娘への愛情を一層強めた。「あの子の心は美しく、寛大で、広く、強い信仰心を持っています。装いには虚栄心の一かけらもなく、従順過ぎると言ってもいいほど誠実です。しかし当意即妙の機知の冴えを見せ、どなたからも愛されています」[113]報告は多少脚色されてはいるが、書き手はどうしたら母を喜ばせられるかを知っていたし、母も繰り返し娘が恋しいと告白している。

クリスティーナについては、女帝の愛情を示すしるしが数多く残っている。書簡はもちろんだが、特に女帝の行動だ。彼女はクリスティーナに他の娘たちが望むすべてのものを与えた。結婚、愛情、あり余るほどの富、そしてレオポルトやフェルディナントにも匹敵する社会的地位。しかも娘を手放すこともなかった。さしもの女帝の掟も可愛いミミの前では無も同然だった。女帝はほかの子どもたちには外交上の義務や伴侶に劣らぬ地位を確保せよと説きながら、ミミだけは特別扱いで、彼女の幸せをひたすら願った。

一七六〇年、年の瀬も迫った頃にアルベルト・カジミールという名の一介の武官がウィーンにやって来て、宮廷に伺候した。まじめで控えめで、立派な教育を受け、敬虔な彼は、マリア・テレジアに気に入られるすべての要素を兼ね備えていた[114]。のちにクリスティーナがザクセン選帝侯、ポーランド国王アウグスト三世の〔成人した息子のうち〕四男であるアルベルト・カジミールと結婚できたのも、母が一目で彼を気に入ったからだ。

　一七六四年に彼がウィーンへ戻ってくると、マリア・テレジアの好感は愛情に変わった。彼を宮殿に隣接した家に住まわせ、宮廷主催の狩りには必ず招待し、「劇場の帝室専用桟敷をいつでも使ってよいとの許可を与えた」[115]。ここまで来たら、たびたび顔を合わせる二人の若者が恋に落ちるのは自然の成り行きだ。マリア・テレジアは二人を結婚させることに決めた。夫フランツ・シュテファンは娘を甥シャブレー公爵に嫁がせようと考えていたが、フランツ自身が一七六五年夏に突然他界した。

　結婚式は一七六六年四月八日、当時ハンガリーの首都だったプレスブルクで挙げられた[116]。婚前、女帝はアルベルトに、娘の夫としてふさわしい地位を与えた。こうしてアルベルトはマリア・テレジアと結婚したときのフランツ・シュテファンのように、テッシェン公領を手にし、ハンガリー総督に任命された。マリア・テレジアは娘を通して、幸せだった結婚生活を追体験したのかもしれない。若夫婦がさらに幸せになるようにと、母は様々な贈り物をした。フランス大使館で代理公使を務めるデュランは、「女帝はアルベルト・フォン・ザクセンとの結婚を整え、婿殿のために二〇万フローリンの収入を確保しました。これは男性あるいは女性の子孫に譲渡可能です。またゆくゆくは、カール・アレクサンダー・フォン・ロートリンゲンの後を継ぎ、ネーデルラントの統治とその利益も約束されています。（中略）すなわちこの方を婿として迎えることで、女帝は一二〇〇万フローリン以上の出費を余儀なくされる計算になります」と数え上げた[117]。デュラン曰く、娘を溺愛する母は、次から次へと豪華な贈り物をしているという。兄弟たちがずいぶんと嫉妬するのも当然だろう[118]。

結婚後まもなく、マリア・テレジアは婿に自分を「親愛なるお母さま」と呼ばせた。これは口先だけの呼び方ではない。彼女がアルベルトを可愛がったのは、彼自身の性格はもちろん、彼が娘を幸せにするからだ。彼女は婿を実の息子同然に考え、「娘はあなたと一緒になれて幸せです。これこそが私の唯一の喜びです。フランツ・シュテファンが他界してから八か月。クリスティーナは私の誠実な同伴者、友、支えでした。娘との別れはつらくはありますが、娘があなたを幸せにすると思えば心なぐさめられます」[119]と語った。同じ日に書いた娘宛ての手紙には、「いつもあなたのことを考えています。（中略）今日は午後三時にあなたの姉妹たちがやって来ました。まるで可愛いミミが帰ってきたかのようで、いっときの間、子どものように心が弾みました」[120]とある。

マリア・テレジアは遠くに住むミミやアルベルトに会いたくてたまらない。そこで娘夫婦がウィーンやラクセンブルクに滞在できないときは、自分からプレスブルクを訪ねていくようになった。彼女はプレスブルクに身の回りのものを置き、短期滞在を繰り返した。打ち明け話をするために、わずか二四時間だけ滞在したことも一度ならずある。時間が経つにつれ、娘夫婦はなくてはならない存在になっていった。のちにクリスティーナに宛てて書かれた手紙には、「親愛なる息子」を賞賛する言葉が綴られている。「彼は素晴らしい性格の持ち主で、清らかな心映えと並外れた優しさを兼ね備えています。（中略）彼は貴女を幸せにし、老いて退屈な私のことを辛抱強く支えてくれ、疲れきった心のよりどころになってくれます。あなた方以外に、これほど親切にしてくれる方などほかにいるでしょうか」[121]

娘夫婦がウィーンを発ちイタリアへ向かうや、マリア・テレジアは不安と孤独を嘆いた。「私にとってあなた方二人こそが唯一の完璧ななぐさめであり、友人なのです。（中略）貴女が生まれてからこれほど長い間離れたことはないのですから、再会する喜びもひとしおに感じられることでしょう」[122]。だがイタリア旅行を娘夫婦に勧めたのは、マリア・テレジア自身なのだ。誰よりも信頼するクリスティーナに、イタリアに住む子たちやその伴侶についての報告をさせるには、この旅行は絶好の機会だった。母と娘は一週間に何通も書簡を交わしたが、マリア・テレジアにとって娘と離れている時間は永遠にも感じられ、四か月もすると、「(再会が) 待ち遠しくてなりません。私はまるで一二歳の子どものように、そのことばかり考えて眠れません。もっと落ち着かねばと思うのですが、どうにも手に負えないのです」[123]と告白している。五月一三日生まれの母子は、誕生日にも手紙を送り合った。マリア・テレジアはミミに、「私たちは同じことを考えていましたね。いえ、私たちの心が別れをひしひしと感じていたのです。特に一三日という日には」[124]と書き送った。

母は息を引き取る瞬間まで、ミミを溺愛し続けた。こうした愛情は、母の近くで暮らしていたマリアンナやエリーザベトへの感情とは明らかに違っていた。死の数か月前、マリア・テレジアは再びプレスブルクを訪れた。「私の頭の中には、この身を支えてくれる心の広い貴女に会うことしかありません」[125]。マクシミリアンの剃髪式前日、マリア・テレジアは心の痛みを吐露しつつ、「貴女が幸せでいることが、あらゆる面で私を支えてくれます。さもなくば、部屋で一人きりになる以外、私には何の楽しみもありません」[126]と語った。繰り返し綴られたこうした言葉は、マリア・テレジアにとって娘の幸せが何よりも大切だったこと、母の感情が女帝の義務に勝利したことを明示している。

エピローグ

マリア・テレジアの中で女帝と母親は独立しており、目的や判断、感情が拮抗することもあった。当時、母親の感情にはさほどの重要性はなかったし、二つの立場の間で迷い悩む女性も少なかった。こうした状況そのものが稀だったのだ。本書で見てきた通り、マリア・テレジアは母としての歩みにおいて、何度も自分と戦い、悲しみを味わった。他界する二年前、彼女は最後の、そしておそらくは最もつらく苦しい葛藤に直面することになる。

女帝の最後の威光

マリア・テレジアは熱心にミサに通うことだけがなぐさめで、体力的にも知的にも精神的にもすっかり衰弱してしまったと感じていた。周囲の見立ても同じくらい厳しく、ヨーゼフやレオポルトなどはさらに容赦ない見方をしていた。共同統治者ヨーゼフはずいぶん前から、母には統治したり、正しい判断――すなわち自分と同じ判断――を下したりする能力がないと断じていた。全面的に信頼する弟レオポルトに次々と書簡を送って母への不満や威嚇をぶちまけ、この状態が続くのなら、統治を放棄して母にすべてを押し付けようとうそぶいた。母と子の最後の葛藤は、以前とは比べものにならないほど深刻だった。というのも、今回は平和と戦争がかかっていたからだ。一七七七年一二月三〇日にバイエルン選帝侯が後継ぎを残さずに他界すると、ヨーゼフは長年の夢であったニーダーバイエルンへの領土拡張を実行に移そうと考えた。

マリア・テレジアは新たな戦争の勃発を危惧して、息子に慎重になるように説いたが、彼はバイエルンに軍を進めた。プロイセン国王フリードリヒ二世は間髪入れず、この併合を看過するつもりのないことを示した。早くも一七七八年三月一四日には、マリア・テレジアは戦争に巻き込まれることを拒んで、ヨーゼフを牽制した。「手遅れにならないうちにかような不幸を避けるためなら、私の名誉に代えてでも、喜んで何でもするつもりです。たわごとだ、弱腰だ、臆病だと言われようと、ヨーロッパからこの危機を取り除く決意は変わりません」[1]。ヨーゼフは耳を貸さず、彼女が危惧した通り、七月五日にプロイセンが侵攻を開始。戦争の火ぶたが切って落とされた。

戦いが始まらないうちから、ヨーゼフは母に、「敵はあらゆるところにいて、我々よりも強力です」[2]と悲鳴にも似た不穏な報告書を送った。実際に戦争を経験したことがなく理論しか知らないヨーゼフは、明らかにおびえていた。一方、マリア・テレジアは出征したマクシミリアンや婿のアルベルトの身を案じた。だがヨーゼフは譲歩するつもりなどない。そんなことをしたら、面目が丸つぶれだ。彼はレオポルトに、ウィーンに来て母に自分の意見の正当性を説いてほしいとせっついた。一方、女帝は自尊心をかなぐり捨てて、仇敵フリードリヒ二世と秘密裏に交渉し、和平を願い出た。彼女がこのことをヨーゼフに知らせたのは、フリードリヒ二世に書簡を送った翌日のことだった。

ヨーゼフは激怒した。「私は最悪の状況に立たされました。君主制もその名誉も、私の誉れも丸つぶれです。嘆かわしいことですが、名誉を保つには意見の違いを公にし、女帝陛下個人の弱さを明らかにして国家の整合性を確保せねばなりません」[3]。翌日にも、彼は「不名誉、想像を絶する何とも落ちぶれた働きかけ。(中略)雷の一撃。(中略)私は決してあきらめません」と語った[4]。

マリア・テレジアの精力的で的確な働きかけが功を奏し、一七七九年五月一三日、テッシェンで和平条約が締結された。こうして彼女は息子と帝国が大惨事に巻き込まれるのを阻止したのだ。ヨーゼフはこの屈辱を決して許さなかったが、女帝と決別するわけにもいかないので、腹いせに一言も相談せずに、母の強敵、ロシアのエカチェリーナ二世の宮廷を訪問することにした。マリア・テレジアは自慢の愛息の面目を潰すか[5]、戦争を支持するかという人生最大のジレンマの一つと格闘して、精根尽き果てた。女帝としては最後の勝利を収めたが、母としては癒しようのない苦痛を味わわされた。

ヨーゼフがロシアから帰国して[6]間もない一七八〇年一一月二九日、マリア・テレジアはウィーンにいた子たちに看取られてこの世を去った。

兄弟の分裂

死期が近づいてもマリア・テレジアは相変わらず怜悧で、ヨーゼフ、クリスティーナ、アルベルト、マクシミリアン、エリーザベト、マリアンナに訓戒を垂れた。誰もが――ヨーゼフでさえも――涙に暮れ、「昼も夜も、一時も女帝のもとを離れなかった」[7]。これから単独で国を治めるヨーゼフと兄弟たちが力を合わせてやっていくこと。これが彼女の最後の願いの一つだった。だが早くも女帝他界の翌日、兄弟たちの誓いは反故にされた。ヨーゼフは女帝の遺言を全面的には執行せず、特に遺産相続[8]と兄弟団結の約束は破棄された。一七八一年一月には、ウィーンにいた兄弟姉妹間の対立が鮮明になり、ヨーゼフの姉マリアンナと妹エリーザベトは、自分たちがホーフブルク王宮の厄介者であることを思い知らされた。彼は姉妹の居室を自分の執務室に改造するつもりだったのだ。大公女二人はウィーンを去るよう言い渡される前に、自分たちの修道院に隠棲することにした。マリアンナはクラーゲンフルトに、エリーザベトはインスブルックに。「兄弟の言いなりになる」などご免だった[9]。

一方、マクシミリアンはヨーゼフに逆らって、自分に不利な母の遺言の執行を拒んだ。「兄弟二人は口論になり、かなり激しい言葉が交わされました。もう一つ、対立の種になったことがあります。ヨーゼフはマクシミリアンに、彼の司教補佐選出に伴いオーストリア政府が支払った莫大な額を返済すべきであると伝えたのです。マクシミリアンは、この支出があった当時自分は未成年だったし、マリア・テレジアが決定したことなので、自分は返済するつもりはないと答えました。二人はとても折り合いが悪く、マクシミリアンはメルゲントハイムに退きたいと語ったほどです」。[10] 実際、彼は三月二〇日にウィーンを去った[11]。

ヨーゼフは以前からクリスティーナに我慢がならず、ずいぶんと無遠慮な扱いをして彼女を不安にさせた。フランドルの領地を訪ねることにしたヨーゼフは、ネーデルラントを統治すべく四日後に出発を控えた妹に短信を送り、出発してはならぬと伝えた。フランス代理公使は、「この直前の混乱に大公女はずいぶんと悩み、心配しました」[12]「皇帝は面白がるためだけに変更をして、自分の力を行使しているかのようです」[13]と報告している。クリスティーナには兄を恐れるだけの理由があった。何しろ、我が身も夫の人生も皇帝の胸一つにかかっているのだから。夫妻はたびたび兄の政策[14]や言動に不平を募らせたが、だからと言って何かを変えられるわけではなかった。

ヨーゼフと遠方に住む弟妹たちの関係も、お世辞にも友好とは言えなかった。早くも一七七四年には、フランス公使が「一族の中の誰一人として、彼からそれなりの好意を寄せられていると感じている人はいません」[15]と報告している。とはいえ、一七七八年にはヨーゼフからレオポルトに好意と信頼にあふれた言葉が送られてもいる。だがレオポルトは兄から、母の前で自分の開戦の意思を支持してほしいとウィーンに呼び出されたのに〔197頁参照〕、正反対に動いたため兄弟関係は決裂し、レオポルトはさっさとウィーンを去ることにした[16]。「この急な出発の原因は、皇帝と大公の激しい口論と決定的な不和にあります。皇帝は、弟は自分を欺いた、自分の前では賛成の意を示しておきながら、女帝と一緒になって非難の言葉を口にした、と糾弾しました」[17]とブルトゥイユ男爵は述べている。つまり、二枚舌というわけだ。決裂は取り返しがつかないほど深刻で、それまでの思いやりのこもった書簡のやり取りは断絶し、その後二人が顔を合わせたのは一七八八年、レオポルトの長男フランツの結婚式のときだけだった。[18]

フィレンツェに戻ったレオポルトは、家族の一人ひとりを手厳しく描写した。曰く、女帝は老身で神経衰弱がひどく、記憶も聴力も低下し、自室に引きこもっている。ヨーゼフについての記述はさらに辛辣だ。

「彼は冷酷で粗暴な男だ。ずいぶんと野心家で、その言動のすべては人から賞賛されたい、話題の的になりたい一心から来ている。(中略) わずかな反論も許さず、独断的で極端な主義をごまんと持ち、世にも厳しい専制主義者だ。彼は誰も愛さない。(中略) 信条や仕事への熱意の一かけらもなく、わめき、片端から人を叱り飛ばして威嚇する。(中略) 女帝のなすことすべてを批判し、大臣たちの行動を揶揄する。(中略)彼は大変な嫌われ者で、恐れられている」[19]

この文章は、兄弟の決裂後、怒りに任せて書かれたのかもしれない。確かに客観性には欠けるが、ヨーゼフと兄弟姉妹との関係についての箇所は、かなり真実に近いと言える。

「彼はほとんどマリアンナに会わない。彼女のことを評価はしているが、自分の息のかかった者たちを国政に送り込もうと画策していると思い込んでいるので、遠ざけている。（中略）エリーザベトには決して会わず、妹のことは我慢ならないと言っているが、自分の前で彼女が陰口をたたいても何もしない。ただし社交界では、二人の姉妹を軽蔑し、中傷して平気な顔をしている。（中略）ミミ（クリスティーナ）に対しては、ほかの人よりも愛想よく接し、気を配る。妹を恐れているからだ。妹がいつも女帝といるのを知っているし、妹が女帝と一緒になって、自分の子どものために職と年金を確保しようとしていると言う。妹のせいで女帝は大変な出費を強いられ、妹は何にでも首を突っ込みたがると言う。彼は公然と、彼女の夫カジミール公を揶揄したり、貶めるようなことを言ったりして、意地悪を仕かける。（中略）彼はマリー〔クリスティーナ〕を恐れ、嫉妬している。（中略）彼はフェルディナントを軽蔑している。自分の知らないところで、女帝と結託したからだ。（中略）彼はマクシミリアンをずいぶんと可愛がっている。(中略)マクシミリアンは完全に兄に敬服し、言われたことを文句一つ言わずに実行するからだ。彼はマクシミリアンを二流の人物と考え、自分の影を薄くしてしまう危険はまったくないと思っている」[20]

王妃となった三人の妹については簡潔に、「彼はナポリについては無頓着で、フランスについてはさらに無関心、パルマに至っては我慢ならない」[21]としか記されていない。

奇妙なことにレオポルトによれば、ヨーゼフは彼と彼の妻には「大きな信頼と親愛の情を率直に示していた」[22]そうだが、レオポルトが同様の感情をヨーゼフに抱いていなかったことは明らかだ。彼の描く兄は長所の一つもなく、思いやりや気遣いとは無縁な人物だ。確かに一部の姉妹に対してはそうであったが、全員に冷淡だったわけではない。ヨーゼフはヨーゼファを心底可愛がり、一七六七年に他界したときには涙を流した。さらに末の二人の妹、カロリーナとアントーニアにも愛情を注いだ。

ウィーンを去ってナポリへと旅立ったカロリーナは、子ども時代と家族に別れを告げて胸が張り裂ける思いだった。一か月にわたる旅の間中、ヨーゼフは妹に心のこもった手紙を次から次へと書き、よき母、王妃になるための助言を惜しみなく与えた。そこには、斜に構えたところも冷淡さも個人的な打算もない。彼は、妹が自分を待ち受ける人生に無防備なことを知っており、手を差し伸べようとした。ある手紙には、「自分の安楽よりも貴女の方が大切ですし、貴女に手紙を書く喜びは怠惰に勝ります」「さようなら、可愛い妹。いつか夕食から帰ってくるときに暗い道で抱擁をしていた頃のように、心の底から抱擁します。幸せにおなりなさい。(中略)私は命尽きるまで貴女に奉仕し、いつまでも優しいヨーゼフでいましょう」[23]と書かれている。

カロリーナがウィーンを去ると、ヨーゼフは末の「アントワーヌ」に会うのを楽しみにするようになった。「これからは、妹のアントワーヌが私に付き合わねばなりません。私は妹を『可愛い妻』と宣言して、ほぼ毎夕一緒に過ごしています。私たちはたいてい喧嘩をしては仲直りします」[24]。二人の末妹は兄の独断的な態度や、子どもに言い聞かせるような話し方に気を悪くすることもあったが、ヨーゼフは生涯二人を可愛がったし、ナポリ王妃もフランス王妃も、良好な関係を損なうことなく兄をたしなめるすべを知っていた。一七八四年、カロリーナはアントーニアに宛てて、ヨーゼフのナポリ滞在は「あまりにも短い夢のようでした。(中略)貴女のことを話すときには、この上ないほど優しい気持ちがうかがえました。(中略)貴女はきっとお気に入りの妹なのでしょうし、それが当然というものです。私も同じ気持ちで、兄に負けないくらい貴女を愛しく思います。貴女が私のことを忘れることがあっても、貴女はつねに愛する妹なのです」[25]と書いた。

カロリーナはアマーリアを除く兄弟姉妹全員、特にマリアンナ、クリスティーナと仲がよかったが[26]、クリスティーナは違った。「マリー」と呼ばれた彼女はレオポルト夫妻とカロリーナ以外の兄弟姉妹に対し、嫌悪にも似た軽蔑を隠そうとしなかった。レオポルトはクリスティーナがパルマのアマーリア、マリアンナ、エリーザベトに抱いていた「憎悪と嫉妬」について言及し、特にエリーザベトが「女帝に影響力を及ぼし始めたことに気が付いてからは、たえず彼女を攻撃し、女帝が反感を抱くよう仕向けている」[27]と述べている。嫌悪と嫉妬はお互いさまだったようで、「彼女も同様に憎悪しているが、ミラノ大公女〔フェルディナントの妻〕とフェルディナントのことはさらに嫌悪している。というのも、女帝がこの二人を可愛がっているからだ。そのため、人々や女帝の前で二人について聞くに堪えないことを語っている」[28]と記した。

クリスティーナとアントーニアはほぼ没交渉で、クリスティーナが一七八六年八月にパリに滞在したときも、そりが合わないことは明らかだった。すでに一七八〇年のオーストリア大使から女帝宛ての報告にも、ヴェルサイユの動向を書き立てる雑誌がドイツで印刷されていて、ヨーゼフとクリスティーナがむさぼるように読んでいることがフランス王妃の耳に入ったようだとある。大使は、「マリア大公女がこうした雑誌を手に入れようと奇妙なまでに熱心に手を回し、そこに書かれている王妃についてのちょっとした皮肉を嬉々として読んでいる」ことに憤慨している[29]。その六年後、アルベルトとクリスティーナのパリ滞在が終わりに近づく頃、メルシーは二人の姉妹の関係についての報告をしたためた。それによれば、姉妹仲が悪いのは明らかで、「お二人の姉妹は再会を果たされましたが、万事順調だったわけではありません。私は懸命に細心の注意を払って不和を食い止め、和らげようとしたのですが、必ずしも思い通りにうまくいったわけではありません。王妃は先入観に惑わされて、大公女殿下が人々の心をつかみ支配しようと画策していると思い込まれています。そのため、大公女殿下は頻繁に長くヴェルサイユに滞在されたいと希望されているのに、王妃は殿下の滞在を却下したり、短縮したりされます。しかしながら、お互いに表立って対立することはありませんでした」と報告した[30]。

上の兄弟姉妹とは違って、末の四人は仲がよかった。パルマに嫁いだアマーリアは、兄弟姉妹から見捨てられたが、仲のいいマリアンナだけは別で、隣国イタリアに住んでいたフェルディナントも細々と連絡を取り続けた。

母としての責任

マリア・テレジアは成長した一三人の子のうち、三人をあからさまに特別扱いして、ほかの子には拒んだこともこの三人には許した。こうした行動は兄弟姉妹、さらにはお気に入りの子たちの間に嫉妬という毒を注ぎ、お気に入りのヨーゼフ、クリスティーナ、フェルディナントは母の好意と、好意がもたらす利益をめぐって争った。中でも最も嫉妬心が強かったのが、最も頭脳明晰な年長の子ども二人で、母に対する影響力も一段と強かった。

共同統治者であるヨーゼフは母と衝突し、激しい口論になることもあったが、それでも母一番のお気に入りの息子だった。統治末期に息子から侮辱を受けたこともあったが、一七七八年のレオポルトの言葉を借りれば、「彼女は皇帝を溺愛し、彼がほめられ、喝采されることに無上の喜びを感じて」いた[31]。ローゼンベルクも同じことを指摘しており、やはり一七七八年にレオポルディーナ・フォン・カウニッツに、「女帝が皇帝に注ぐ愛情を語り、「他の子たちを合わせたよりもさらに彼を愛している」[32]と語った。だがそのヨーゼフと比べても、クリスティーナが母に対して振るっていた支配力は格別だった。この理由についても、レオポルトがやや皮肉を込めて説明している。

「マリー〔クリスティーナ〕は彼女〔女帝〕のために生きている。（中略）彼女には大変な才能があり、女帝の弱点を知り抜いているし、以前から知っていた。彼女は女帝に憐れみを示し、女帝が正しいと主張し、一日中いつでもどんな時もそばにいて、たえず手紙を書く。こうして女帝から全幅の信頼を勝ち取ったのだ。彼女は女帝が望む通りに振る舞い、（中略）女帝に多くを要求し、（中略）女帝の望むことなら何でもする（中略）。どんな場合でも、彼女は家族の誰よりも特別に扱われ、認められることを望んでいる。女帝の名で浪費を重ね、女帝に仕える人々を自分のものであるかのように利用する」[33]

ヨーゼフがクリスティーナを毛嫌いしていたのと同じくらい、クリスティーナもヨーゼフを嫌っていた。「彼女は皇帝である兄に激しい反感と嫌悪を抱いている。というのも、自分や夫を物笑いの種にするからだ。(中略)彼女は女帝をけしかけて、皇帝への反感を煽っている」[34]。二人の間のどう猛なまでの嫉妬心は、駐ウィーン大使たちの目にも明らかだった。レオポルト夫妻はヨーゼフとは一七七八年まで、クリスティーナとは生涯対立することはなかったが、それも当然と言えば当然だ[35]。レオポルトはウィーンから遠く離れていたし、母から特別に気に入られていたわけでもないので、兄姉の嫉妬を買うこともなかった。だが彼が記した兄弟姉妹ほぼ全員についての辛辣な描写を読むと、実は最も嫉妬心が強かったのはほかならぬレオポルトだったのではないかと思えてくる。マクシミリアンはと言うと、兄弟姉妹の影を薄くしてしまうほどの存在感はなかった。

　仲のいい家族を、というマリア・テレジアの願いはかなわなかった。彼女自身にもその責任はあるが、かといって非難されるいわれはない。彼女は子どもたち全員を育て上げた。これは同時代人の、それも彼女ほどの地位にあってはごく例外的なことであり、マリア・テレジアが先鞭をつけた能動的な母親モデルは、後世において主流となった。だが彼女はあまりに厳格で、威圧的で、疑り深かった。お気に入りの子を偏愛して不公平を招き、決して完璧な母ではなかった。だが完璧な母親などいるだろうか。

　最後にマリア・テレジア自身の言葉に耳を傾けてみよう。「私にとって子どもたちの教育はつねに重要で、この上なく大切なことでした。すべてが私の指示や命令通りに行われたわけではなく、希望通りに細心の注意が払われたわけでもありませんが、それは私のせいなのではなく、様々な状況の結果なのです。とかくこうした状況は完璧さに到達しようとする私たちの足を引っ張り、ゆがんで不幸な人間の性《さが》について回るのです」[36]

　現代の多くの母も大いにうなずくことだろう。

謝辞

まず、同僚のステファン・ビュション氏に感謝したい。倦むことを知らず、堅実で好奇心溢れる研究者である同氏なしには、この本は存在しえなかっただろう。

ご協力いただいた外務省資料部のすべての方々にもお礼申し上げる。皆さまのおかげで、パリ郊外クールヌーヴにある文書館は、研究者にとって夢のように素晴らしい場所となった。外国人研究者をつねに温かく迎えてくださるウィーン国立文書館の皆さまにも謝意をささげたい。

また、アンドレ・マニャン氏には心からお礼申し上げたい。同氏はオランダのヘルダーラント州文書館についてご教示くださり、入館の力添えをしてくださった。最後に、大変貴重な助言を与えてくださった出版者のソフィー・ベルランと友人のミシュリーヌ・アマールに感謝して筆を置く。

訳者あとがき

マリア・テレジアと聞くとどんな人物を思い浮かべるだろうか。一八世紀ヨーロッパの超大国ハプスブルグ朝を率いた女傑。あるいは「幸いなるオーストリアよ、汝は婚姻せよ」の言葉に忠実に、たくさんの子を産み、自らの外交政策に生かした女帝。一方で、かのマリー・アントワネットの母としても有名で、アントワネットの伝記には、娘を特に可愛がった、ウィーン宮廷は家庭的だった、子たちを愛するよき母親だったとしばしば書かれている。

本書（原題：*Les conflits d'une mère: Marie-Thérèse d'Autriche et ses enfants*）で描かれるマリア・テレジアはそのすべてであるが、それがすべてではない。大帝国を支配し、戦争を遂行しながら、ほぼ毎年のように子を産んでいた女性とは、どのような母親だったのか。仕事と子育ての両立は可能だったのか。そして一六人の子たちとどのような関係を築いていたのか。本書はそうした疑問を解く試みである。

当時の特権階級の女性たちに比べると、マリア・テレジアが「母らしい」人物だったことは事実だ。そもそも彼女たちは子育てはおろか我が子との接触自体がごく少なかった。子どもは生まれると同時に乳母に預けられ、母が育児や教育に直接関わることはほぼなかった。そうしたことを考えると、教育に心を砕き、自ら細かな指示を養育係や教育係に出し、旅行に連れていくなど、現代の私たちの目には普通に映ることも、当時の女性、しかも「女帝」には類を見ない行動だったのである。

しかし彼女は「よき母親」だったのだろうか。そもそも彼女自身が母としての資質に自信を欠いていた。自分はよい母親なのかと自問を繰り返し、子が病気にかかると不安にさいなまれ、子の死に打ちのめされる姿は、現代人に深い共感を起こさせる。同時に女帝にとって子たちは外交の道具でもあり、政治のコマでもあった。さらに特筆すべきは、その偏愛ぶりである。統治者として子に厳しく接するのはわかるにしても、レオポルトやマクシミリアンには歯に衣着せず過剰とも言える非難を浴びせる一方、クリスティーナやフェルディナントに対しては望みをかなえたり、欠点に目をつむったりとかなり甘い。そのため子たちの間に熾烈な競争意識と敵意が生じ、彼女の死後兄弟関係は破綻同然の状態となった。

本書の中でもう一つ目を引くのが、子どもたち一人一人の強烈な個性である。ヨーゼフ二世、マリー・アントワネットは知名度も高いが、かつては母のお気に入りだったのに厄介者扱いされるようになった病弱なマリアンナ、現代風にいえば性格破綻者のようなエリーザベト、立ち回りのうまいクリスティーナ、要領がよく母の扱いを心得ていたフェルディナント、そして兄弟姉妹について辛辣な観察を記したレオポルトなど、一筋縄ではいかない人物ばかりだが、彼らの性格形成に母との関係が深く影響していたことは確かで、どの子も成人後も母を恐れ、反抗したり愛されようと努力したりしてもがいた。さらに皇帝夫妻の関係も子どもたちの夫婦観を大きく左右したと考えられる。当時は夫唱婦随が主流だったが、皇帝夫妻は逆だった。マリア・テレジアは愛する夫を立てようと涙ぐましい努力を重ねたが、それでも二人の立場（そして統治者としての能力）の差は歴然としていた。本書でもヨーゼフは母に心酔する一方、父には軽蔑にも似た感情を示している。と同時に、後年には反旗を翻し、晩年の母を絶望の淵に追い込んだ。いずれにせよ、どの子も女帝に愛、恨み、恐れなど激しい感情を抱き、女帝も程度差はあれ、それぞれを愛し、支配しようとし、幻滅や喜びを味わった。話はそれるが、結婚生活のアドバイスとしてマリア・テレジアが「夫を楽しませ、その信頼に応えねばなりません。（中略）幸せな結婚生活を送れるかどうかは、妻次第です」と書き、フランツは「一番大切なのは、あらゆる点で妻の望みを寛大に受け止めることです」と書いているのは、非常に興味深い。

著者エリザベート・バダンテールは哲学、歴史学を専門とするフェミニストで、日本でも多数の著書が邦訳されている。ただし本書ではフェミニスト的観点は薄く、むしろマリア・テレジアの人間、母としての葛藤に主眼が置かれている。ちなみに配偶者のロベール・バダンテールはミッテラン政権下で司法大臣を務め、死刑制度を廃止したことで知られる人物で、夫婦ともフランスを代表する論客である。

最後に「女帝」という呼び方について記しておく。広く知られているように、マリア・テレジアは厳密に言えば女帝（女皇帝）ではなく、女大公、女王、皇后だった。だが実質的に女帝として君臨し、当時から現在に至るまで広くそのように認識されているため、本書でも「女帝」の呼び方を採用した。

最後に、この本を手に取り読んでくださった皆さまに心からお礼申し上げると共に、今回も手堅く支えてくださった心強い編集者、大西奈己さんに深い謝意をささげたい。

二〇二二年三月

ダコスタ吉村花子

リア：1724年4月5日 - 30年4月19日）の母。四人の子どものうち成人したのは、マリア・テレジアとマリア・アンナだけだった。

5：1740年に即位したマリア・テレジアは、フックス夫人を女官長に任命した。これにより夫人は、公務でも私生活でも、つねに女帝に付き添うことになる。

6：1708年12月8日 - 65年8月18日。

7：ナポリ、1765年8月31日：Archives d'État de Litoměrice（チェコ、ジデニツェにある分館）, *Famille Lobkowitz*, P 16/19. 傍点筆者。

8：シェーンブルン、1763年6月8日：Archives de la province de Carinthie (Klagenfurt), *Famille Orsini-Rosenberg*, dossier 75, fasc. 64/351 g.

9：*Ibid.*, 1763年11月12日。

10：*Ibid.*, 1764年1月16日。

11：*Ibid.*, 1764年3月8日。

12：マリア・ヨーゼファ・フォン・バイエルンの書簡。1765年9月4日：Archives d'État de Saxe (Dresde), 12528, *Collection de la princesse Maria Antonia*, dossier 9 , f. 46 r-v.

13：ヨーハン・ヨーゼフ・フォン・ケーフェンヒュラー＝メッチュの日記 [JKM] 参照：*Au temps de Marie-Thérèse. Journal du prince Johann Josef Khevenhüller-Metsch, grand chambellan de la cour*, Vienne, 1908, vol. II, 29 juillet 1747, p. 169.

14：息子ヨーゼフのアヨ〔第1章原注34参照〕、カール・フォン・バッチャーニ元帥伯爵宛ての女帝の指示書（1748年、あるいは1751年？）は、「皇帝陛下は、私が記しましたすべての希望と意見に同意されていらっしゃいます」と締めくくられている。以下を参照：*Lettres de l'impératrice Marie-Thérèse à ses enfants et amis* [LMT], éditées par Alfred von Arneth, Vienne, 1881, vol. 4, p. 13.

15：ウィーン、1753年3月初旬から4月22日の復活祭前にかけて。以下を参照：Jean-Pierre Lavandier (éd.), *Lettres de l'impératrice Marie-Thérèse à Sophie d'Enzenberg (1746-1780)*, Paris, 2019, p. 65.

16：父カール6世は重度の鬱病を患っており、マリア・テレジアもハプスブルク家のこの暗い一面を受け継いだ。彼女の鬱の最初の兆候は1722年にさかのぼる。

17：Ivo Cermann, *La Noblesse habsbourgeoise et le siècle des Lumières*, Stuttgart, 2010, p. 364. 著者は子どもたちの家庭教師に宛てたマリア・クリスティーナ・フォン・ディートリヒシュタイン伯爵夫人の手紙を参照している。

18：Isabelle de Bourbon-Parme, « Je meurs d'amour pour toi… » *Lettres à l'archiduchesse Marie-Christine, 1760-1763*, édition établie par Elisabeth Badinter, Paris, 2008, p. 193.

19：*Ibid.*, p. 201-202.

20：*Ibid.*, p. 196.

21：（1754年4月？）AMCE, DP, *Belgique DD-B blau*, dossier 1-2, f.

22：（1755年11月？）*ibid.*, f. 72 r.

23：Isabelle de Bourbon-Parme, *« Je meurs d'amour pour toi... »*, *op. cit.*, p. 198.

24：*Ibid.*, p. 193.

25：AMCE, DP, *Belgique DD-B blau*, dossier 1-2, f. 7 r, f. 7 v, *DD-B blau*, dossier 3-4, f. 204 v.

26：Adam Wolf, *Tableau de la Cour de Vienne en 1746, 1747, 1748. (Relations diplomatiques du comte de Podewils, ministre plénipotentiaire, au Roi de Prusse Frédéric II)*, Vienne, 1850, vol. V, p. 493.

27：タルーカからアーレンベルク公爵夫人宛ての手紙、ウィーン、1742 年 7 月 25 日：Archives régionales de Moravie (Brno), *Archives familiales Tarouca*, G 445, dossier 12, no 82 23-A-1, f. 27 r-v.

28：タルーカ（1753 年？）：AMCE, *DP, Belgique DD-B blau*, dossier 1-2, f. 7 r.

29：1768 年 9 月 25 日：Klagenfurt, *Famille Orsini-Rosenberg*, dossier 77, fasc. 65/355 a-3.

30：1745 年 2 月 1 日 - 61 年 1 月 18 日。

31：1750 年 2 月 4 日 - 62 年 12 月 23 日。

32：1751 年 3 月 19 日 - 67 年 10 月 15 日。

33：それぞれ 1763 年 11 月、1767 年 5 月没。

34：男性教育係は「アヨ」、女性養育係は「アヤ」と呼ばれていた（スペイン語から来ている）。

35：ヨハンナとヨーゼファのアヤ、レルヒェンフェルト伯爵夫人宛ての手紙（1756 年 11 月）。傍点筆者。AMCE, *Archives de la Maison impériale (AMI), Dossiers familiaux*, dossier 54-2, f. 52 r. 以下も参照のこと：LMT 4, p. 101-105.

36：1757 年 1 月 22 日：Archives du ministère des Affaires étrangères (MAE), La Courneuve, *Correspondance politique (CP) d'Autriche*, vol. 256 bis, f. 209 r.

37：マリア・テレジアの娘はほぼ全員、「マリア」と名付けられた。ここでの「マリアンナ」はマリア・アンナを指すが、「マリアンナ〔あるいはマリアンネ〕」と綴られることが多かった。本書では読みやすさを重視して、大公女たちの普段の呼び方を使うことにする〔邦訳でも原書に従って、マリア・テレジアの娘たちの名に共通する「マリア」は省略する〕。

38：1757 年 4 月：LMT 4, p. 107.

39：1757 年 4 月 12 日：MAE, *CP Autriche*, vol. 257, f. 111 r.

40：1767 年 10 月 24 日の書簡。ケルヴィン・ド・レッテンホーフ男爵刊行の以下の資料に収録。*Lettres inédites de Marie-Thérèse et de Joseph II*, Bruxelles, 1868, p. 11. 2 番目のエリーザベトは 1743 - 1808 年。

41：レルヒェンフェルト夫人宛ての書簡、1757 年 4 月：LMT 4, p. 106. この後、マリア・テレジアは 10 年で 7 人の死を経験した〔息子カール（1671 年）、娘ヨハンナ（1762 年）、義娘マリア・イザベラ（1763 年）、孫娘マリア・テレジア（1763 年）、夫（1765 年）、娘ヨーゼファ（1767 年）、義娘マリア・ヨーゼファ（1767 年）〕。

42：JKM 1, p. 170. 傍点筆者。

43：サド神父宛ての書簡、（1734 年）9 月 6 日。以下を参照：*La Correspondance d'Émilie du Châtelet*, sous la direction d'Ulla Kölving et Andrew Brown, Paris, 2018, vol. I, p. 146.

44：Montaigne, *Œuvres complètes*, Paris, Gallimard, « Bibliothèque de la Pléiade », 1962, Livre I, chap. XIV, p. 61.

45：当時、他界した子の名を新生児に付けることは珍しくなかった。マリア・テレジアにも３人の「カロリーナ」と２人の「エリーザベト」がいた。

46：（1748 年９月）AMCE, *DP, Belgique DD-B blau*, dossier 5, f. 28 v.

47：ルイ 15 世妃マリー・レクザンスカは、10 人の子を産み、３人が夭折した。ナポリおよびシチリア王、のちのスペイン王カルロス３世妃マリア・アマーリアは 13 人の子を産み、５人が６歳になる前に他界した。サルデーニャ王妃マリア・アントニアは 12 人の子を産み、３人が８歳になる前に没した。

48：1749 年３月 15 日：MAE, *CP Naples*, vol. 58, f. 242 v, f. 247 v.

49：マリア・アントニア・ディ・スパーニャ（1729 - 85 年）。1750 年にのちのサルデーニャ国王ヴィットーリオ・アメデーオ３世と結婚。

50：モンフェッラート公アメデーオ・アレッサンドロ（1754 年 10 月５日 - 55 年４月 29 日）。

51：1755 年５月７日、14 日：MAE, *CP Sardaigne*, vol. 224, f. 323 v et 335 r. 傍点筆者。

52：（1743 年 10 月）傍点筆者。AMCE, *DP, Belgique DD-B blau*, dossier 5, f. 1 r-2 r. これらの往復書簡には、ほとんど日付が記されていない。

53：1743 年８月 13 日。

54：（1745 年）８月５日木曜日：AMCE, *DP, Belgique DD-B blau*, dossier 5, f. 8 v. 傍点筆者。

55：（1747 年）*ibid.*, dossier 3-4, f. 273 r.

56：駐ウィーン宮廷大使ポデヴィルスはフリードリヒ２世宛ての書簡で何度か、当時女帝が立腹したと報告している。1747 年６月 10 日の手紙には、「女帝は食事中に大公女マリアンナの具合が優れないことを知らされ、泣き始めました。その前から機嫌が悪かったため、悲しみは一種の憤怒へと変わり、周囲の者は事故が起きやしないかと、女帝を食卓から遠ざけざるをえませんでした」とある。Archives d'État secrètes de Prusse (Berlin), *I. HA Rep. 81, Légation de Vienne*, no 39, f. 95 r. 女帝らしくないこうした態度に、周囲は衝撃を受けた。

57：タルーカ宛ての書簡（1748 年 12 月 23 日）：AMCE, *DP, Belgique DD-B blau*, dossier 5, f. 56 r.

58：（1751-52 ？年）*ibid.*, dossier 1-2, f. 288 v.

59：（1754 年？）*ibid.*, dossier 5, f. 68 r.

60：（1758 年 10 月）*ibid.*, dossier 3-4, f. 74 r.

61：（1758 年 10 月）*ibid.*, f. 60 r. 彼女は同じ相手に宛てて「自分が愚かになっていることが（中略）はっきりと感じられます」とも書いている（f. 14 r）。

62：（1757 年 10 月？）*ibid.*, f. 142 r.

63：1770 年５月 20 日の書簡：Klagenfurt, *Famille Orsini-Rosenberg*, dossier 77, fasc. 65/355 a-2.

64：マリア・テレジアはフランス語で「そうしたとき」を意味する「à cette heure」を「asteur」と書く癖があった。

65：（1760 年 1 月の書簡）Klagenfurt, *Famille Orsini-Rosenberg*, dossier 77, fasc. 65/355 a-2.

第二章

1：マリア・テレジアの父カール６世はキノコ類にあたって、1740 年 10 月 20 日に他界した。
2：1740 年 12 月 16 日。
3：フェルディナント宛ての書簡、（1773 年）1 月 7 日：LMT 1, p. 174.
4：フェルディナント宛ての書簡、（1771 年）12 月 19 日：*ibid.*, p. 94.
5：1746 年７月 11 日：JKM 1 p. 100.
6：1770 年５月１日の書簡。以下を参照：J.-P. Lavandier (éd.), *Lettres de l'impératrice Marie-Thérèse à Sophie d'Enzenberg…, op. cit.*, p. 169.
7：JKM 2, p. 91.
8：1745 年２月 28 日：*ibid.*, p. 29.
9：1746 年７月 16 日：*ibid.*, p. 101、1747 年７月 17 日：*ibid.*, p. 162.
10：マリア・テレジアからハガー＝トラウトゾン侯夫人宛ての書簡。発信地、日付なし（1748、49 年？）：Bibliothèque nationale autrichienne, Autographe 1120/72-3.
11：（1748 年６月 12 日）*ibid.*, 1120/72-6.
12：1752 年生まれでナポリ王妃になった３番目で最後のカロリーナを指す。
13：（1749 年？）６月 18 日：Archives de la province de Haute-Autriche (Linz), *Archives de la seigneurie de Schwertberg*, dossier 168.
14：特に 1764 年のローゼンベルク夫人（フランツ＝クサーヴァー・フォン・ローゼンベルクの姉妹）。
15：1747 年 12 月６日：Linz, *Archives de la seigneurie de Schwertberg*, dossier 168.
16：（1747 年６月）*ibid.*
17：日付なし：*ibid.*
18：日付なし：*ibid.*
19：1701-93 年。
20：JKM 3, p. 118. 資料によれば、夫人はようやく 1753 年６月８日に、皇帝夫妻の上の３人の大公女のアヤに任命された。
21：JKM 2, p. 178：1747 年９月 11 日。
22：（1745 年 9 月？）22 日：Bibliothèque nationale autrichienne, Autographe 1120/70-6, s.l.n.d.
23：（1749 年１月 16 日）*ibid.*, 1120/71-5, s.l.n.d.
24：René van Rhyn (éd.), « Lettres inédites de l'impératrice Marie-Thérèse », publiées par la revue Österreichische Rundschau, Vienne, vol. 33, 1912, p. 275.
25：（1750 年代末 - 60 年代初頭）Archives de la province de Gueldre (Arnhem), *0613 Famille Bentinck/Aldenburg Bentinck*, dossier 629.
26：バイエルン出身。1713 - 70 年。

27：息子フィリップ宛ての書簡、1756 年 7 月 1 日：Archives d'État d'Amberg (Bavière), *Archives du château de Köfering*, dossier 652.

28：フィリップ宛ての書簡、1757 年 3 月 5 日：*ibid.*

29：1757 年 9 月 19 日：JKM 4, p. 118. 彼女は芝居も書いた。帝室の子どもたちのためには 4 作書き上げ、実際に子どもたちにより上演された。グラフィニー夫人はリシュリュー公爵夫人の息子フロンサック公爵の世話をしたことがあり、そこでマドレーヌ・コピノーと知り合った。

30：（1758 年 1 月？）Bibliothèque nationale de France, *Papiers Graffigny*, n.a.f. 15579, f. 29 r-v, s.l.n.d.

31：ANA, Archives générales de l'administration, *Archives familiales Trauttmansdorff*, dossier 125, s.l.n.d., f. 14 r.

32：*Ibid.*, f. 11 r.

33：バッチャーニ（1697 - 1772 年）は 1747 年 10 月 15 日に教育係に任命され、10 月 17 日にマリア・テレジアからの指示書を受け取った。

34：*Instructions de l'impératrice Marie-Thérèse pour l'ayo de son fils Joseph, feld-maréchal Batthyány,*（1748 年 12 月）：LMT 4, p. 9.

35：フランツ・フォン・トゥルン伯爵宛ての書簡（1762 年 5 月）：*ibid.*, p. 23.

36：1745 年 5 月 13 日：JKM 2, p. 56.

37：1747 年 1 月 26 日：*ibid.*, p. 142.

38：1747 年 12 月 7 日：*ibid.*, p. 194.

39：1748 年 5 月 13 日：*ibid.*, p. 222. アレクセイ・ペトローヴィチ・ベストゥージェフ（1693-1768 年）はロシアの外交官。

40：1756 年 2 月 12 日：JKM 4, p. 7.

41：末の子たちの教育を担当していたカール・フォン・ゲースに宛てた女帝の指示（単に「9 月 22 日」とある）には、「息子たちには特に読み書き、綴り、文体を学び、手紙を書いてほしいと思います。毎週土曜日には写しを取らずにそのままを私に送ってくださるようお願いします。最初のうちはうまくはいかないでしょうが、少しずつ進歩せねばなりません」と書かれている。Archives de la province de Carinthie (Klagenfurt), *Archives privées de la famille Goëss,* C 190.

42：クリスティーナからヨーゼフ宛ての書簡、1752 年 5 月 26 日：Archives régionales de Moravie (Brno), *Archives familiales Salm-Reifferscheid,* G 150, 27, no 148, f. 87-88.

43：（1756 年 11 月）LMT 4, p. 104.

44：1751 年 8 月 4 日：Klagenfurt, *Archives privées de la famille Goëss*, C 190.

45：1747 年 12 月 7 日：JKM 2, p. 199.

46：ブロンデル代理大使の公用文書、1749 年 3 月 22 日付：MAE, *CP Autriche*, vol. 242, f. 86 r. ここでの「寡婦となった皇后」とは、マリア・テレジアの母エリーザベト・クリスティーネを指す。

47：1748 年 12 月 10 日：JKM 2, p. 288.

48：1749 年 8 月 13 日：*ibid.*, p. 342.

49：1752年2月21日：JKM 3, p. 14.
50：1752年5月7日：*ibid.*, p. 30.
51：1755年3月17日：*ibid.*, p. 230.
52：1755年8月27日：*ibid.*, p. 257.
53：レルヒェンフェルト夫人から息子フィリップに宛てた書簡、シェーンブルン、1758年9月2日：Amberg, *Archives du château de Köfering*, dossier 653.
54：マリア・テレジアからバッチャーニへの指示（1748年12月）：LMT 4, p. 5 - 13.
55：カール・フォン・バッチャーニから副教育係フィリップ・フォン・キューニグル宛ての指示、1752年4月5日：Klagenfurt, *Archives privées de la famille Goëss*, C 190.
56：*Instruction pour M. Wynands pour l'éducation de S. A. R. Charles*、日付なし；AMCE, *AMI, Dossiers familiaux*, dossier 55-1, f. 5 r-6 v.
57：1752年4月5日：Klagenfurt, *Archives privées de la famille Goëss*, C 190.
58：マリア・テレジアはこの手紙の前の部分で、ヨーゼファは金曜日と四旬節〔キリスト教の暦で復活祭までの40日間〕に出される魚が大嫌いだと記している。子どもたち全員が同じで、皆これを克服しなければならなかったと書かれており、子どもの好き嫌いを許すなど論外だったことがうかがえる。
59：（1756年11月）LMT 4, p. 101 - 105. 傍点筆者。

第三章

1：トラウトゾン侯夫人宛ての34通の手紙を参照〔この原本はフランス語で、オーストリア国立図書館に所蔵されている（Autographe 1120/72）。ドイツ語版は巻末、参考文献のRHYN (René van) に収録〕。
2：特に以下を参照：JKM 3、1752年4 - 5月。
3：日付なし（「1748年8月20日から9月4日の間」）、以下を参照：Woldemar Lippert (éd.), *L'impératrice Marie-Thérèse et l'électrice Maria-Antonia de Saxe. Correspondance, 1747-1772*, Leipzig, 1908, p. 5.
4：タルーカ宛ての書簡（1759年10月？）：AMCE, *DP, Belgique DDB blau*, dossier 3-4, f. 138 r.
5：ドミニカ・フォン・ハガーからのちの結婚相手グンダッカー・フォン・テュルハイムに宛てた書簡、ウィーン、（1744年）9月16日：Linz, *Archives de la seigneurie de Weinberg*, dossier 1239. 傍点筆者。
6：トラウトゾン侯夫人から妹ドミニカ・フォン・ハガーに宛てた書簡、日付、発信地なし。「我が大公女は病気で、毎日のように病状が変わり、たいていはベッドに臥せっていらっしゃいます。こうした生活や、不安、希望、不安の繰り返しに押しつぶされそうです」。Linz, *Archives de la seigneurie de Schwertberg*, dossier 168.
7：（1745年3月1日、2日）*ibid.*
8：1745年2月20日、以下を参照：*Correspondance de Mme de Graffigny*, Oxford, 2002, vol. VII, p. 262. フランツ・シュテファンの妹アンナ・シャルロッテの大侍

従を務めたオガラの報告。

9：駐ウィーンザクセン宮廷公使フレミング伯爵から大臣ブリュールに宛てた公用文書、1752 年 7 月 29 日：Dresde, 10026, *Cabinet secret*, Loc. 741/1, f. 13 v-14 r.

10：1757 年 4 月 9 日：MAE, *CP Autriche*, vol. 257, f. 104 r.

11：タルーカ宛ての書簡（1757 年 4 月）、以下を参照：Theodor Georg von Karajan, *Marie-Thérèse et le comte Sylva-Tarouca. Une conférence donnée à la séance solennelle de l'Académie impériale des sciences le 30 mai 1859*, Vienne, 1859, p. 37-38. タルーカからマリア・テレジア宛ての 2 通の長文書簡の抜粋。日付、発信地なし（1740 年代）。

12：（1757 年 4 月）LMT 4, p. 106.

13：*Ibid.*, p. 107.

14：ベンティンク伯爵夫人宛ての書簡（1757 年）参照：Arnhem, *Famille Bentinck*, dossier 642.

15：AMCE, *Fonds particuliers, Khevenhüller/Riegersburg*, dossier 48-2. 傍点筆者。おそらく当時は病名が付いていなかったのだろうが、現在では漏《ろう》斗《と》胸《きょう》と呼ばれる。先天的な胸壁の変形で、成長と共に目立つようになる。特に胸骨下部が著しくへこみ、本人は痛みを和らげようと背を丸め、猫背になる。マリアンナが肺炎を患っていた可能性は非常に高い。

16：Arnhem, *Famille Bentinck*, dossier 631, s.l.n.d.

17：以下を参照：*Journal secret de Charles de Lorraine, 1766-1779*, éd. par Michèle Galand, Bruxelles, 2000, p. 304, 313, 449, 450, 457, 470.

18：エスクラヴォンはスラヴォニア地方の古い呼称。クロアチアの広大な農耕平野を指す。

19：ベンティンク伯爵夫人宛ての書簡、1764 年 7 月 31 日：Arnhem, *Famille Bentinck*, dossier 650.

20：Adolf Innerkofler, *Une grande fille de Marie-Thérèse. L'archiduchesse Marianne*, Innsbruck, 1910 : « La connaissance de moi-même », p. 54. 傍点筆者。皇帝の死からほぼ 1 年半後にトラウトゾン侯夫人がベンティンク伯爵夫人に宛てた手紙にも、病的なまでの悲しみが報告されている。「お気の毒な大公女は、いまだにお父上の死に打ちのめされています。立ち直ることができないのです」。1765 年 12 月 7 日：Arnhem, *Famille Bentinck*, dossier 637.

21：A. Innerkofler, *Une grande fille de Marie-Thérèse..., op. cit.*, « Relation », p. 76-85.

22：1738 年 10 月 16 日、以下を参照：J. A. Dainard (éd.), *Correspondance de Mme de Graffigny, op. cit.*, vol. I, lettre 40, p. 91.

23：A. Wolf, *Tableau de la cour de Vienne..., op. cit.*, p. 503 - 505, 22 mars 1747.

24：1747 年 5 月 27 日：JKM 2, p. 158.

25：1750 年 8 月 18 日、以下を参照：J. A. Dainard (éd.), *Correspondance de Mme de Graffigny, op. cit.*, vol. XI, p. 98, lettre 11. またグラフィニー夫人に宛てた 1750 年 1 月 7 日の書簡も参照：André Courbet (éd.), *Correspondance de Valentin Jamerey-Duval*, t. II, Paris, 2015, p. 255.

26：*Instruction de l'impératrice pour l'ayo de son fils Joseph*,（1748 年 12 月）LMT 4, p. 5.
27：A. Wolf, *Tableau de la cour de Vienne..., op. cit.*, p. 505. 以下の資料によれば、ヨーゼフは 1747 年に母からたたかれたという：Derek Beales, *Joseph II*, vol. I, *In the Shadow of Maria Theresa, 1741-1780*, Cambridge, 1987, p. 41。
28：1746 年 2 月 20 日、以下を参照：J. A. Dainard (éd.), *Correspondance de Mme de Graffigny, op. cit.*, vol. VII, lettre 969, p. 262.
29：ウィーン、1749 年 5 月 20 日：MAE, *CP Autriche*, vol. 242, f. 203 v et 207 r.
30：（1751 年 8 月 11 日、1751 年 8 月、1754 年 9 月）4 日の書簡：LMT 2, p. 351 - 354.
31：オットー全権公使の書記官から大臣ブリュールに宛てた書簡、1750 年 7 月 17 日：Dresde, 10026, *Cabinet secret*, Loc. 2913/2. 傍点筆者。
32：マリア・テレジア宛ての手紙（1757 年）には、「皇帝のお気に入りの娘ミミ」とある：AMCE, DP, *Belgique DD-B blau*, dossier 5, f. 109 v.
33：1756 年 7 月 25 日：JKM 4, p. 36. マリア・テレジアは皇帝に「強要」されたのかもしれない。ヨーゼファのときも、皇帝の意に従わざるをえなかった〔113 頁参照〕。
34：カロリーナ・フォン・ケーフェンヒュラーから息子ジギスムント宛ての書簡、1757 年 2 月 29 日：AMCE, Fonds particuliers, Khevenhüller/Riegersburg, dossier 48-3.
35：クリスティーナ宛ての書簡、日付なし（1757 年 3 月）：LMT 2, p. 355.
36：ショワズール公爵からベルニ大臣宛ての書簡、1758 年 5 月 13 日：MAE, *CP Autriche*, vol. 264, f. 124 r, 125.
37：1758 年 8 月 14 日：*ibid.*, vol. 265, f. 291 v. 傍点筆者。
38：1758 年 9 月 5 日：*ibid.*, vol. 266, f. 18 v. 1758 年 10 月 15 日：vol. 266, f. 196 v. 1761 年 3 月 12 日：vol. 281, f. 453 r.
39：JKM 4, p. 68 でケーフェンヒュラーは、ヴュルテンベルク公（1731-95 年）が 1757 年 2 月にウィーンに到着し、数か月滞在したと記している。以下を参照：14 mai 1757, p. 89.
40：ミミは愛する人の出立に涙し、ヴュルテンベルク公が 1762 年 8 月 10 日にゾフィー・アルベルティーネ・フォン・バイヒリンゲンと結婚するまであきらめがつかなかった。
41：ウィーン、1760 年 3 月 10 日：MAE, *CP Autriche*, vol. 275, f. 207 r-v.
42：Isabelle de Bourbon-Parme, « Je meurs d›amour pour toi… », *op. cit.*, « Conseils à Marie »,（1763 年）、p. 191-201.
43：1738-1822 年。ポーランド国王アウグスト 3 世の四男。
44：1766 年（1 月および）4 月 18 日の手紙：A. Wolf en 1859, in *La Vie de la cour à l'époque de Marie-Thérèse, d'après les Mémoires du prince Johann Josef Khevenhüller*, Vienne, 1859, 2de édition, p. 345 et 347.
45：トラウトゾン侯夫人からベンティンク夫人宛ての書簡：Arnhem, *Famille Bentinck*, dossier 645, 29 novembre 1765.

46：Archives bavaroises d'État (Munich), *Légation de Vienne*, dossier 26, lettre du 15 août 1764.

47：41頁参照。

48：コピノー夫人は1757年12月28日付で首席子ども部屋付き女官として契約し、1758年11月20日には2度目の契約が交わされ、カロリーナにも仕えるようになった。以下を参照：AMCE, *Archives de la Cour, Administration du grand chambellan, Département des cérémonies de la cour, Série spéciale*, dossier 44, f. 395 r et 407 r. および Irène Kubiska-Scharl et Michael Pölzl (éd.), *Les Carrières du personnel* à *la cour de Vienne, 1711-1765*, Innsbruck, 2013, p. 510-511. 夫人は1770年までエリーザベトに仕えた。以下を参照：I. Kubiska- Scharl et M. Pölzl (éd.), *La Lutte pour les réformes. La cour de Vienne et son personnel en mutation (1766-1792)*, Innsbruck, 2018, p. 528. コピノー夫人はグラフィニー夫人からトラウトゾン侯夫人に強く推薦された。

49：グラフィニー夫人宛ての書簡、1757年12月20日：f. 26 r- 27 r ; Bibliothèque nationale de France, n.a.f. 15579.

50：*Ibid.*

51：ヘルツェル夫人の離職後に、エリーザベトが彼女に書き送った書簡からこのことがうかがえる。以下を参照：K. de Lettenhove (éd.), *Lettres inédites…, op. cit.*, p. 52-54.

52：その3年後に、彼女がヨーゼフ2世の幼い娘マリア・テレジアの養育係としてウィーンに戻ってきたことから見て、この理由は信頼性に欠ける。彼女は幼いマリア・テレジアが1770年に他界するまで面倒を見た。

53：クリスティーナ宛ての書簡（1761年）：LMT 3, p. 355. 傍点筆者。2人の姉妹はそりが合わず、両親のお気に入りのクリスティーナにエリーザベトが激しく嫉妬していたことに留意する必要がある。

54：ヘルツェル夫人宛ての書簡、（1763年）9月25日。以下を参照：K. de Lettenhove (éd.), *Lettres inédites…, op. cit.*, p. 52-53.

55：ヘルツェル夫人宛ての書簡、1763年10月27日：*ibid.*, p. 8. 傍点筆者。

56：ベンティンク夫人宛ての書簡、（1767年）2月6日：Arnhem, *Famille Bentinck*, dossier 645.

57：ドッスン侯爵の外交文書、1758年9月16日：MAE, *CP Naples*, vol. 75, f. 254 r. 傍点筆者。

58：1747年6月5日：Linz, *Archives de la seigneurie de Schwertberg*, dossier 168.

59：オットーからブリュール宛ての書簡、ウィーン、1750年2月4日：Dresde, 10026, *Cabinet secret,* Loc. 2913/2.

60：フレミングからブリュール宛ての書簡、1752年7月29日：*ibid.*

61：カール・フォン・バッチャーニから副教育係フィリップ・フォン・キューニグル宛ての指示、1752年4月5日：Klagenfurt, *Archives privées de la famille Goëss*, C 190.

62：フレミングからブリュール宛ての書簡、ウィーン、1753年10月10日：Dres-

de, 10026, *Cabinet secret*, Loc. 741/2, f. 255 v.
63：*Instruction pour M. Wynands*（1758 あるは 59 年？）, AMCE, A*MI, Dossiers familiaux*, dossier 55-1, f. 5 r-v.
64：1759 年 2 月 1 日：JKM 5, p. 86.
65：1759 年 11 月 9 日：*ibid.*, p. 136. 傍点筆者。
66：1759 年 11 月 10 日：AMCE, *Fonds particuliers, Khevenhüller/Riegersburg*, dossier 48-2. 傍点筆者。
67：ベンティンク夫人から娘宛ての書簡、ウィーン、1761 年 1 月 13 日：Arnhem, *Famille Bentinck*, dossier 2172.
68：1761 年 1 月（17 日？）：AMCE, *DP, Belgique DD-B blau*, dossier 3-4, f. 286 r.
69：ウィーン、1761 年 1 月 20 日：Arnhem, *Famille Bentinck*, dossier 2172.
70：タルーカ宛ての書簡（1761 年 2 月 1 日以前）：AMCE, *DP, Belgique DD-B blau*, dossier 3-4, f. 287 r-v.
71：タルーカ宛ての書簡（1761 年 2 月 1 日以後）：*ibid.*, f. 196 r. タルーカは 1761 年 2 月 5 日付でコブレンツから次のような書簡を書いた。「女帝は勇気と信仰心と母性愛をあわせ持った卓越した女性です。（中略）愛らしいご子息をことのほか可愛がっておられた女帝陛下は（中略）、雄々しくも先週の日曜日にカプツィーナー納骨堂へ向かわれ、愛するご子息の棺を前に、礼拝に出席されました」：Brno, *Archives familiales Tarouca*, G 445, dossier 16, no 89 23-C-2, f. 266 r.
72：トラウトゾン侯夫人宛ての書簡、発信地、日付なし（1756 年頃）。以下を参照：R. van Rhyn (éd.), « Lettres inédites… », *op. cit.*, p. 276.
73：レルヒェンフェルト夫人から息子フィリップ宛ての書簡、ウィーン、1763 年 1 月 21 日：Amberg, *Archives du château de Köfering*, dossier 655.
74：ウィーン、1763 年 3 月 21 日：*ibid.*
75：ベンティンク夫人宛ての書簡、1765 年 1 月 27 日：Arnhem, *Famille Bentinck*, dossier 635. その 2 年後、恒例の謝肉祭のそり競争でも、トラウトゾン侯夫人は「お二人は天使と見まごうほどの美しさです」と姉妹の容姿を手放しでほめている。1767 年 1 月 28 日：*ibid.*, dossier 641.
76：フランツ＝クサーヴァー・フォン・ローゼンベルク宛ての書簡、ウィーン、1766 年 3 月 10 日：Klagenfurt, *Famille Orsini-Rosenberg*, dossier 77, fasc. 65/355 a-1.
77：ベンティンク夫人宛ての書簡、（1767 年）11 月 13 日：Arnhem, *Famille Bentinck*, dossier 653.
78：ウィーン、1767 年 11 月 16 日：AMCE, *Fonds particuliers, Khevenhüller/Riegersburg*, dossier 165-3.
79：1746-95 年。のちのプファルツ選帝侯。
80：1767 年 12 月 28 日：MAE, *CP Autriche*, Vienne, vol. 308, f. 431 v.
81：JKM 6, 1917, 29 décembre 1767, p. 281.
82：ウィーン、1768 年 9 月 24 日：MAE, *CP Autriche supplément*, vol. 22, f. 226 r.
83：カルロ・エマヌエーレ 3 世宛ての書簡、1769 年 1 月 4 日：Archives d'État de

Turin, *Documents en relations avec l'étranger, Lettres des ministres, Autriche*, dossier 89. 1737 から 73 年までウィーンに駐在したサルデーニャ大使カナーレ伯爵（1704-73 年）は、女帝とごく親しかった。

84：1768 年 2 月 22 日：*ibid.*

85：ローゼンベルク宛ての書簡、1768 年 12 月 30 日：Klagenfurt, *Famille Orsini-Rosenberg*, dossier 77, fasc. 65/355 a-2.

86：ベンティンク夫人宛ての書簡、1769 年 3 月、6 月：Arnhem, *Famille Bentinck*, dossiers 647, 648, 651. J. J. ケーフェンヒュラーの書簡も参照：AMCE, *Fonds particuliers, Khevenhüller/Riegersburg*, dossier 163-3.

87：ローゼンベルク宛ての書簡、1769 年 2 月 11 日：Klagenfurt, *Famille Orsini-Rosenberg*, dossier 76, fasc. 64/353 a. 傍点筆者。

88：*Points donnés par S. M. l'impératrice-reine à l'archiduchesse Marie-Amélie*（1769 年 6 月）：LMT 3, p. 3 - 16.

89：フィリップ・フォン・クネーベルからマリア・テレジア宛ての書簡、パルマ、1769 年 9 月 6 日：AMCE, *AMI, Archives personnelles de l'empereur François Ier*, dossier 23-4, f. 5 r.

90：1769 年 10 月 6 日：*ibid.*, f. 162 v.

91：1770 年 1 月 9 日：*ibid.*, f. 68 v.

92：ローゼンベルクからマリア・テレジア宛ての書簡：*ibid.*, dossier 23-13, f. 138 r.

93：副教育係フィリップ・フォン・キューニグル宛ての指示、ウィーン、1752 年 4 月 5 日：Klagenfurt, *Archives privées de la famille Goëss*, C 190.

94：1752 年 3 月 27 日：JKM 3, p. 20、1755 年 3 月 17 日：*ibid.*, p. 230.

95：副教育係フランツ・フォン・トゥルン伯爵宛ての指示（1761 年）：LMT 4, p. 17 -21.

96：*Ibid.*, p. 21. 傍点筆者。

97：1762 年 5 月 15 日：*ibid.*, p. 22 - 27.

98：*Ibid.*, p. 27.

99：1766 年 2 月に若くして他界したフランツ・フォン・トゥルンの弟。

100：アントン・フォン・トゥルン宛ての書簡、1766 年 3 月 10 日：*ibid.*, p. 35.

101：1766 年 6 月 2 日：*ibid.*, p. 45.

102：ローゼンベルク宛ての書簡、1767 年 11 月 2 日：Klagenfurt, *Famille Orsini-Rosenberg*, dossier 77, fasc. 65/355 a-2. 以下のローゼンベルク宛ての書簡も参照：1766 年 11 月 13 日（*ibid.*, 355 a-1）、1766 年 11 月 30 日（*ibid.*, 355 a-2）。ローゼンベルクから女帝宛ての手紙、1766 年 11 月 1 日および 11 日（*ibid.*, dossier 78, fasc. 65/362）、1766 年 11 月 25 日（*ibid.*, fasc. 65/359）

103：ローゼンベルク宛ての書簡、（1768 年）7 月 7 日：*ibid.*, dossier 77, fasc. 65/355 a-2.

104：ヘルツェル夫人宛ての書簡、（1772 年）10 月 2 日。以下参照：K. de Lettenhove (éd.), *Lettres inédites…, op. cit.*, p. 40.

105：（1756 年 11 月）LMT 4, p. 103.

106：レルヒェンフェルト夫人宛ての書簡：Amberg, *Archives du château de Köfering*, dossier 295, s.l.n.d.
107：（1760 年 9 月 13 日？）*ibid.*
108：LMT 4, p. 113 を参照。またヨハンナからレルヒェンフェルト夫人宛ての書簡も参照、1762 年 8 月 5 日：Amberg, *Archives du château de Köfering*, dossier 295.
109：（1762 年 8 月）LMT 4, p. 113.
110：レルヒェンフェルト夫人宛ての書簡、1762 年 8 月 7 日：Amberg, *Archives du château de Köfering*, dossier 295.
111：1751-1825 年。
112：ベンティンク夫人宛ての書簡（1762 年 12 月 19 日）：Arnhem, *Famille Bentinck*, dossier 647.
113：*Ibid.* フランス大使の報告書も参照。1762 年 12 月 11 日：MAE, *CP Autriche*, vol. 292, f. 241 r, 242 r.
114：タルーカ宛ての書簡、ブダ、1762 年 12 月 25 日：Brno, *Archives Familiales Tarouca*, G. 445, dossier 14, no 86 23-B-3, f. 422 v. 傍点筆者。
115：ブダ、1762 年 12 月 27 日：*ibid.*, f. 424 r-v.
116：（1760 年？）Amberg, *Archives du château de Köfering*, dossier 294.
117：シェーンブルン、1762 年 7 月 24 日：*ibid.*
118：シェーンブルン、1762 年 8 月 17 日：*ibid.*
119：シェーンブルン、1762 年 8 月 19 日：*ibid.*
120：ヨーゼファからレルヒェンフェルト夫人に宛てた 13 通の書簡：*ibid.*
121：息子フィリップ宛ての書簡、1763 年 3 月 21 日：*ibid.*, dossier 655.
122：1763 年 4 月 30 日：*ibid.*
123：1763 年 8 月 29 日：*ibid.*
124：レルヒェンフェルト夫人宛ての書簡、シェーンブルン、1763 年 10 月 13 日：LMT 4, p. 116.
125：*Ibid.* 傍点筆者。
126：*Ibid.*, p. 117-118.
127：ローゼンベルク宛ての書簡、（1767 年） 2 月 12 日：Klagenfurt, *Famille Orsini-Rosenberg*, dossier 77, fasc. 65/355 a-2. 女帝は同じことをナポリに嫁いだ友人リーニュヴィル夫人にも語っている。「（出発の）時が近づくに従い、自分が不安におののいているのが感じられます。（中略）少なくとも、娘が貴女にお会いして、助言を仰げるよう、神に祈るばかりです」（1767 年 4 月 28 日）*ibid.*, dossier 75, fasc. 64/351 b.
128：ベンティンク夫人宛ての書簡、1767 年 9 月 29 日：Arnhem, *Famille Bentinck*, dossier 641.
129：前日、マリア・テレジアはヨーゼファに無理強いして、その 2 年前に他界した前帝の墓参りのため、カプツィーナー納骨堂に向かった。天然痘で死去したヨーゼフの妻の遺体は、まだ埋葬されていなかった。マリア・テレジアはこの訪問に罪悪感を抱き続け、書簡にも「3 年前の今日、ヨーゼファは私と一緒に地下墓所

に向かい、天然痘にかかりました」と書いている。クリスティーナ宛ての書簡（1770 年）：LMT 2, p. 373.

130：ウィーン、1767 年 10 月 17 日：MAE, *CP Autriche*, vol. 308, f. 227 v-228 v.

131：1767 年 10 月 6，10、14、15 日：JKM 7, p. 270 - 274. ケーフェンヒュラーは、亡き皇后マリア・ヨーゼファの遺体の「毒性物質が増殖し」、ナポリ王妃〔ヨーゼファ〕に感染したのではないかと述べている。同時に彼は以下のような奇妙な話も記した。「大公女（ヨーゼファ）は私たちに、一緒に育てられた姉君ヨハンナの棺の前で黙祷したとおっしゃいました。大公女は膝をついて、自分の魂が救われるよう祈ってほしい、神が持てる限りの力を尽くして出発できないようにしてほしいと、姉君に請われたそうです」（p274）。傍点筆者。

132：ローゼンベルク宛ての書簡、1767 年 10 月 6 日：Klagenfurt, *Famille Orsini-Rosenberg*, dossier 77, fasc. 65/355 a-2.

133：アントン・フォン・トゥルン宛ての書簡、1767 年 11 月 3 日：LMT 4, p. 50.

134：ローゼンベルク宛ての書簡、1767 年 10 月 15 日：Klagenfurt, *Famille Orsini-Rosenberg*, dossier 77, fasc. 65/355 a-3. グリマルディはスペイン国王カルロス３世に仕えた宰相。「カロリーナ」は３番目のカロリーナを指す。

135：ウルフェルトからローゼンベルク宛ての書簡、1767 年 6 月 18 日：*ibid.*, dossier 86, fasc. 71/379-1.

136：Adolf Beer (éd.), *Joseph II, Léopold II et Kaunitz. Leur correspondance*, Vienne, 1873, p. 448-449.

137：姉レオポルディーナ・フォン・カウニッツ宛ての書簡、ウィーン、1768 年 2 月 29 日：Židenice, *Archives Lobkowitz*, P 16/21.

138：フレミングからブリュール宛ての書簡、ウィーン、1752 年 8 月 16 日：Dresde, 10026, *Cabinet Secret*, Loc. 741/1, f. 39 r. 彼は、「今回の出産で、女帝陛下はかつてないほど苦しまれました。出産の激痛は（午前）６時から夜の９時 45 分まで続きました。産後の痛みもかなりひどく、長引きました」とも書いている。

139：成年してからは別々の国で暮らしていたにもかかわらず、末の２人の大公女と２人の大公が強い絆で結ばれていたとの証言は数多く残っている。

140：カロリーナ宛ての書簡、1767 年 8 月 9 日：LMT 3, p. 30.

141：*Ibid.*

142：*Ibid.*

143：*Ibid.*, p. 31.

144：*Ibid.*

145：1767 年 11 月 20 日：MAE, *CP Autriche*, vol. 308, f. 348 v、1767 年 12 月 9 日：f. 385 r. またトラウトゾン侯夫人からベンティンク夫人宛ての書簡も参照。1767 年 12 月 29 日：Arnhem, *Famille Bentinck*, dossier 630、（1767 年）11 月 13 日：dossier 653.

146：トラウトゾン侯夫人からベンティンク夫人宛ての書簡、1767 年 12 月 29 日：*ibid.*, dossier 630.

147：1768 年 1 月 21 日：*ibid.*

148：1768 年 4 月 30 日：*ibid.*「幼い王妃の評判はとてもよく、王妃は立派にご自分を律されていらっしゃいます。私は、王妃が他の方々よりもしっかりとしていて、ご自分を抑え、課されたことはすべて過不足なくこなされるだろうと申してきましたし、手紙にも書いてまいりましたが、それが決して間違いではなかったことをうれしく思います」(1769 年 4 月 25 日)：*ibid.*, dossier 651.

149：1768 年 1 月 24 日：Klagenfurt, *Famille Orsini-Rosenberg*, dossier 77, fasc. 65/355 a-2.

150：1757 年 12 月 31 日：JKM 4, p. 144. 同日に発売された *La Gazette de Vienne* には、彼女はその前々日に天然痘を発症したと書かれている。

151：1758 年 1 月 31 日：JKM 5, p. 6.

152：ベンティンク夫人宛ての書簡、1758 年 5 月 18 日：Arnhem, *Famille Bentinck*, dossier 633.

153：1761 年 3 月 22 日。ブルゴーニュ公爵は王太子の長男だったが、9 歳で他界した。

154：ウィーンに駐在していたフランス大使フロラン・デュ・シャトレ（在 1761-66 年）は、ウィーンを離れるずいぶん前から活発に縁談交渉を行っていた。

155：1756 年 5 月 1 日、同盟を締結したプロイセンとイギリスの台頭を抑えるため、オーストリアとフランスも同盟を組んだ。

156：ブランダイス夫人はアントーニアの「女官長」ではなく、「子ども部屋付き女官」だった。

157：« Lettres de l'abbé de Vermond au comte Mercy », in A. von Arneth (éd.), *Marie-Thérèse et Marie-Antoinette, leur correspondance, 2de édition*, Vienne, 1866, p. 354-355、1769 年 1 月 21 日。レルヒェンフェルト夫人は 1770 年 1 月 28 日に他界し、アントーニアは深く悲しんだ。トラウトゾン侯夫人からベンティンク夫人宛ての（1770 年）1 月 28 日および 31 日の書簡を参照：Arnhem, *Famille Bentinck*, dossier 633.

158：1769 年 10 月 14 日、以下を参照：« Lettres de l'abbé de Vermond… », *op. cit.*, p. 359.

159：〔代理〕結婚式は 1770 年 4 月 19 日に挙げられた。

160：1770 年 3 月 14 日、以下を参照：« Lettres de l'abbé de Vermond… », *op. cit.*, p. 361.

161：夫人は 1769 年 4 月 22 日に公式に宮廷デビューした。

162：ローゼンベルク宛ての書簡、(1769 年 1 月) 18 日：Klagenfurt, *Famille Orsini-Rosenberg*, dossier 77, fasc. 65/355 a-2.

163：シュターレンベルクからメルシー・アルジャントー宛ての書簡、1768 年 10 月 9 日：AMCE, *Division des États, France, Varia*, dossier 39, f. 85 r.

164：1768 年 11 月 27 日：MAE, *CP Autriche*, vol. 310, f. 251 v. デュルフォール大使はショワズールに、「アントワネットさまの歯には、優れた歯科医による治療が必要です。この欠点への対処を任されたラヴランという名のフランス人は私に、三か月後にはアントワネットさまの歯は美しく、綺麗に整うだろうと請け合いました」と報告している。

165：ベンティンク夫人宛ての書簡、（1770年）5月4日：Arnhem, *Famille Bentinck*, dossier 630. 傍点筆者。
166：（1762年）1月20日：*ibid.*, dossier 644. 傍点筆者。1762年1月19日の書簡も参照：MAE, *CP Autriche*, vol. 286, f. 74 v.
167：スウェーデン宮廷の特使は、「カール・フォン・ゲースは一週間前に戻ってきました。（中略）彼は優れた知性を備え、非常に親切で、素晴らしい気質の持ち主です」と記している。（1762年）2月9日：Arnhem, *Famille Bentinck*, dossier 644.
168：フェルディナントとマクシミリアンに関するカール・フォン・ゲース伯爵宛ての女帝の指示（1762年）：Klagenfurt, *Archives privées de la famille Goëss*, C 190.
169：マリア・テレジアからゲースに宛てた短信（1765年ないしは66年？）：*ibid.*
170：LMT 3, p. 76, 91, 95, 99, 103.
171：ベンティンク夫人宛ての書簡、1768年7月26日：Arnhem, *Famille Bentinck*, dossier 632.
172：（1768年）11月27日：LMT 3, p. 99.
173：（1771年）3月24日、7月10日：*ibid.*, p. 116, 118.
174：（1771年）8月17日：*ibid.*, p. 119、（1771年）9月12日：*ibid.*, p. 122.
175：1769年10月8日：MAE, *CP Autriche*, Vienne, vol. 312, f. 125 rには「昨日宮廷で集会があり、マクシミリアン大公がドイツ騎士団総長補佐に選出されました」とある。
176：（1774年）4月18日：LMT 1, p. 271.
177：（1772年）11月30日。以下を参照：K. de Lettenhove (éd.), *Lettres inédites…, op. cit.*, p. 42-43.
178：（1774年4月27日）：LMT 4, p. 81.
179：（1774年4月）：LMT 2, p. 317, 326, 334, 339.
180：（1774年）5月4日：LMT 1, p. 274、（1774年）6月9日：*ibid.*, p. 280.
181：（1774年）6月23日：*ibid.*, p. 282-283.
182：（1774年）7月14日：*ibid.*, p. 287.
183：フェルディナントからマリア・テレジア宛ての書簡、1774年7月5日：AMCE, AMI, *Habsbourg-Este, Archives familiales d'Este*, dossier 34/4-6.
184：マリア・イザベラの父はパルマ公フィリッポ、母はフランス国王ルイ15世の長女で、父から特に気に入られていたルイーズ＝エリザベート。以下を参照：Isabelle de Bourbon-Parme, *« Je meurs d'amour pour toi… », op. cit.*
185：マリア・イザベラは1741年12月31日生まれ。ヨーゼフより9か月若い。
186：以下で引用：Onero Masnovo, « La Corte di Don Filippo di Borbone, nelle "relazioni segreti" di due ministri di Maria Teresa », *Archivio Storico per le province Parmensi*, 1914, Parme, série II, XIV, p. 172, 179.
187：ウィーン、1760年9月14日：MAE, *CP Autriche*, vol. 277, f. 332 r.
188：パルマ公フィリッポ宛ての書簡、（1760年）10月1日：Archives d'État de Parme, *Carteggio Borbonico Germania*, boîte 99, fasc 1. マリア・テレジアがヴェルサイユに派遣した特使もフランス国王に同様のことを述べ、フランス国王はマリ

ア・イザベラの父に次のように報告した。「人々は、陛下の令嬢があらゆる点で完璧だと言っています。（中略）女帝は、令嬢にお会いした日は人生最良の日だとおっしゃいました」。ルイ 15 世からパルマ公フィリッポ宛ての書簡、1760 年 10 月 24 日：Parme, *Carteggio Borbonico Estero*, boîte 50, fasc. 12.

189：パルマ公フィリッポ宛ての書簡：*ibid.*

190：ウィーン、1760 年 10 月 2 日：MAE, *CP Autriche*, vol. 278, f. 7 v

191：彼女はフランス大使に、毎日のようにマリア・イザベラの長所を発見しては愛情を募らせており、マリア・イザベラは若者特有のあらゆる優美さとこの上なく思慮深い確かな判断力を兼ね備えていて、気持ちのよい気質で素晴らしい心映えだと語った。（1761 年 7 月 25 日）MAE, *CP Autriche,* vol. 282, f. 363 v.

192：マリア・イザベラは 22 歳の誕生日を目前に、1763 年 11 月 27 日に逝去した。お腹の子も生まれて数時間で他界した。

193：1763 年 11 月 26 日：MAE, *CP Autriche*, vol. 296, f. 267 v.

194：マリア・テレジアはしばしばマリア・イザベラをこう呼び、皇帝やヨーゼフも同じ呼び方をした。

195：パルマ公フィリッポ宛ての書簡、ウィーン、1763 年 11 月 29 日：Parme, *Carteggio Borbonico Germania*, boîte 99, fasc. 1. 傍点筆者。

196：1763 年 11 月 29 日の書簡：以下を参照：Emilio Bicchieri (éd.), « Lettere Famigliari dell' Imperatore Giuseppe II a Don Filippo Don Ferdinando (1760-1767) », *Atti e Memorie delle R.R. Deputazioni di Storia Patria, per le Province Modenesi e Parmensi*, Parme, IV, 1868, p. 111.

197：1763 年 12 月 11 日の書簡：*ibid.*, p. 112.

198：ザクセン選帝侯夫人マリア宛ての書簡、1763 年 12 月 23 日、以下を参照：W. Lippert (éd.), *L'impératrice Marie-Thérèse et l'électrice de Saxe Maria Antonia..., op. cit.*, p. 202.

199：1763 年 12 月 26 日：*ibid.*, p. 203.

200：1763 年 12 月 29 日：*ibid.*, p. 206.

201：パルマ公フィリッポ宛ての書簡、（1763 年）12 月 30 日：Parme, *Carteggio Borbonico Germania*, boîte 99, fasc. 1.

202：1764 年 5 月 12 日、以下を参照：W. Lippert (éd.), *L'impératrice Marie-Thérèse et l'électrice de Saxe Maria Antonia..., op. cit.*, p. 221.

第四章

1：インスブルックでのレオポルトとスペイン王女マリア・ルイサ〔ドイツ語名マリア・ルドヴィカ〕の成婚から 2 週間も経たないうちに、皇帝は他界した。

2：1765 年 11 月 9 日、12 月 26 日、以下を参照：J.-P. Lavandier (éd.), *Lettres..., op. cit.*, p. 104, p. 110.

3：1770 年 5 月 20 日：Klagenfurt, *Famille Orsini-Rosenberg*, dossier 77, fasc. 65/355 a-2.

4：ゾフィー・フォン・エンツェンベルク宛ての書簡、（1766 年）6 月 19 日：以下を参照：

J.-P. Lavandier　(éd.), *Lettres*..., *op. cit.*, p. 163.

5：以下を参照：E. Badinter, *Le Pouvoir au féminin*..., *op. cit.*, p. 250-25.

6：カルロス３世からマリア・テレジア宛ての書簡、アランフェス、1764年6月2日。以下の資料の覚書に収録：Arneth, *Marie-Thérèse et Joseph I. Leur correspondance, y compris les lettres de Joseph à son frère Léopold* [MTJ], Vienne, 1867, vol. I, p. 125-126.

7：1765年1月25日、シェーンブルン。

8：ゾフィー・フォン・エンツェンベルク宛ての書簡、1765年9月12日、以下を参照：J.-P. Lavandier (éd.), *Lettres*..., *op. cit.*, p. 96. マリア・テレジアは「息子に大変満足している」と記している。

9：1764年3月27日：MTJ 1, p. 50. 傍点筆者。

10：ヨーゼフは1765年9月17日に共同統治者に任命された。

11：1766年2月12日。以下を参照：J.-P. Lavandier (éd.), *Lettres*..., *op. cit.*, p. 117. 傍点筆者。

12：ゾフィー・フォン・エンツェンベルク宛ての書簡、1766年9月3日：*ibid.*, p. 129 & 146.

13：A. Wolf, *Marie-Christine, archiduchesse d'Autriche, gouvernante des Pays-Bas*, vol. I, Bruxelles, 1881, p. 79 - 88.

14：1768年9月22日：AMCE, *Fonds particuliers, Legs comte Egon Caesar Corti,* dossier 1, no 89, pour le livre *Moi, une fille de Marie-Thérèse. Un portrait de la reine Marie-Caroline de Naples.*

15：リーニュヴィル夫人宛ての書簡、1767年4月16日：Klagenfurt, *Famille Orsini-Rosenberg,* dossier 75, fasc. 64/351 b.

16：以下を参照：E. Badinter, *L'Infant de Parme*, Paris, 2008.

17：*Instructions pour mon fils Léopold,* 15 janvier 1765 ; AMCE, AMI, *Dossiers familiaux*, dossier 55-6, f. 28 r.

18：*Ibid.*, f. 31 v-32 r.

19：*Ibid.*, f. 34 r.

20：*Ibid.*, f. 36 r.

21：*Ibid.*, f. 42 r-v.

22：*Ibid.*, dossier 55-10, f. 112 - 125 : *Instructions pour le gouvernement*, 1773.

23：マリア・テレジアの書簡、1766年10月21日：Klagenfurt, *Famille Orsini-Rosenberg*, dossiers 77, 78. ここにはマリア・テレジアからの批判とローゼンベルクの返答が多数収められている。特に上記引用：dossier 77, fasc. 65/355 a-1.

24：*Ibid.*

25：*Ibid.* マリア・テレジアは1772年10月2日付のヘルツェル夫人への手紙の中で、「息子はかなり有望で、子どもたちのうちで最も健康でした」とも書いている。以下を参照：K. de Lettenhove (éd.), *Lettres inédites*..., *op. cit.*, p. 40.

26：ローゼンベルク宛ての書簡（７月中旬）：Klagenfurt, *Famille Orsini-Rosenberg*, dossier 78, fasc. 65/363 c.

27：エルンスト・フォン・カウニッツ（1737-97年）は、マリア・テレジアの宰相ヴェンツェル・アントン・フォン・カウニッツの息子で、1764年から70年まで駐ナポリ大使を務めた。
28：レオポルディーナ・フォン・カウニッツから妹エレオノーレ・フォン・リヒテンシュタイン宛ての書簡、1768年6月2日：Žitenice, *Archives Lobkowitz*, P 16/21.
29：同人宛ての書簡、1768年6月23日：*ibid.*
30：（1768年？） 9月23日：Archives nationales (République tchèque, Prague), *RAM-Acta Clementina 11*, dossier 1/20, f. 52 r.
31：1768年10月11日：*ibid.*, dossier 1/21, f. 29 r.
32：1768年10月4日：Židenice, *Archives Lobkowitz*, P 16/21.
33：1768年11月17日：Prague, *RAM-Acta Clementina 11*, dossier 1/20, f. 23 r.
34：カロリーナからレオポルディーナ・フォン・カウニッツに宛てたごく親密な書簡を参照：Prague, *RAM-Acta Clementina 11*, dossier 2/23.
35：1769年7月20日、レオポルディーナは妹エレオノーレに宛てて次のように書いている。「私は女帝に悪いお知らせを伝えねばなりません。若き王妃は常軌を逸しています。（中略）恥ずべきことで、私は関わり合いになりたくありません。（中略）しかも、王妃は何か言われてもてんで気にされないので、なおさらたちが悪いのです」Žitenice, *Archives Lobkowitz*, P 16/21.
36：カロリーナから女帝宛ての書簡、ポルティチ、1769年10月6日：LMT 3, p. 56, note 3.
37：*Ibid.*, p. 57.
38：クネーベルから女帝宛ての書簡、1770年1月4日（および1770年1月）：AMCE, AMI, *Archives personnelles de l'empereur François Ier*, dossier 23-4, f. 48 v, 54 v.
39：1770年1月18日：*ibid.*
40：1770年5月14日：*ibid.*, dossier 23-10.
41：トラウトゾン侯夫人からベンティンク夫人宛ての書簡、1769年11月27日：Arnhem, *Famille Bentinck*, dossier 633.
42：A. von Arneth et M. A. Geffroy (éd.), *Marie-Antoinette. Correspondance secrète entre Marie-Thérèse et le comte de Mercy-Argenteau avec les lettres de Marie-Thérèse et de Marie-Antoinette*, Paris, 1874, vol. I, p. 3 et 4. 以下の優れたintroductionも参照：Évelyne Lever, *Marie-Antoinette. Correspondance (1770-1793)*, Paris, 2005.
43：É. Lever, *Marie-Antoinette..., op. cit.*, p. 11. デュルフール夫人は、1767年から70年までフランス大使を務めた夫に従って、ウィーンに滞在した。
44：マリア・テレジアからジギスムント・フォン・ケーフェンヒュラー宛ての書簡：AMCE, *Fonds particuliers, Khevenhüller/Riegersburg*, dossier 149-8. ケーフェンヒュラーから妻アマーリア宛ての1771年12月9日の書簡も参照：*ibid.*, dossier 165/7.
45：1772年3月14日の公用文書：MAE, *CP Autriche*, vol. 318, f. 226 r.
46：ローゼンベルク宛ての書簡、（1767年） 2月12日：Klagenfurt, *Famille Orsi-*

ni-Rosenberg, dossier 77, fasc. 65/355 a-2.

47：マリアンナがザクセン選帝侯の息子アルベルト・カジミールとの結婚を希望していながら、アルベルトは妹のクリスティーナを選んだことは前述の通り〔84 頁参照〕。1776 年から 85 年にかけて、マリアンナは無名の男性と恋文を交わしていたが、1785 年に男性が他界した。彼女の手による「自身との邂逅（*La Connaissance de soi-même*）」という文書には、プラトニックな情熱が綴られている。以下を参照：Cf. A. Innerkofler, *Une grande fille de Marie-Thérèse…, op. cit.*, p. 57-58. この無名の男性の書簡は、クラーゲンフルトの聖エリーザベト修道院文書館に保管されている。*Collection de l'archiduchesse Marie-Anne*, fasc. III/1-3.

48：ベンティンク伯爵夫人宛ての（1767 年）２月６日の書簡。すなわちエリーザベトが天然痘に罹患する数か月前に当たる。Arnhem, *Famille Bentinck*, dossier 645.

49：サルデーニャ国王カルロ・エマヌエーレ３世とエリザベッタ・テレーザ・ディ・ロレーナの息子。

50：ミュンヘン、1771 年２月 20 日：MAE, *CP Bavière*, vol. 154, f. 33 r-v. レーラッハとコルネリウス・ネニーの（1770 年 11 月から 71 年３月のかけての）往復書簡も参照のこと：AMCE, *Archives du Cabinet, Collection Nenny*, dossier 2.

51：代理大使デュランによる 1772 年のウィーン宮廷についての回想録：MAE, *CP Autriche*, vol. 326, f. 6 v.

52：レオポルトによる妹についての見解。1778 年の『*Stato della famiglia*』に書かれており、以下で引用されている：Adam Wandruszka in *Léopold II. Archiduc d'Autriche, grand-duc de Toscane, roi de Hongrie et de Bohême, empereur, vol. I, 1741-1780, Vienne, 1963, p. 335.*

53：1773 年８月 12 日の書簡：LMT 1, p. 200-221.

54：フェルディナント宛ての書簡、（1774 年）５月４日：AMCE, *Habsbourg-Este, Archives familiales d'Este*, dossier 24.

55：ローゼンベルク宛ての指示、1774 年４月 27 日：Klagenfurt, *Famille Orsini-Rosenberg*, dossier 76, fasc. 64/353 a.

56：マクシミリアンの選出についての書簡、1769 年 10 月８日：MAE, *CP Autriche*, vol. 312, f. 125 r. 1770 年７月９日、マクシミリアンは叔父カール・アレクサンダー・フォン・ロートリンゲンから正式に任命された（vol. 313, f. 130 r)。「彼と接した者は、彼が自分が総長になるとさほど自覚していないことに気付く」との記述もある（1771 年 12 月 18 日）：*ibid.*, vol. 317, f. 389 r-v.

57：A. Wandruszka, *Léopold II…, op. cit.*, vol. I, p. 352.

58：1780 年７月 31 日および８月１日の手紙：LMT 2, p. 470-472.

59：メルシーからマリア・テレジア宛ての手紙、1773 年１月 16 日：A. von Arneth et M. A. Geffroy (éd.), *Marie-Antoinette. Correspondance secrète…, op. cit.*, vol. I, p. 404.

60：Alexis de Saint-Priest, *Études diplomatiques et littéraires*, Paris, 1850, t. II, p. 297.

61：1770 年４月：AMCE, *AMI, Archives personnelles de l'empereur François Ier*, dossier 23-8, f. 3 r.

62：1778 年：A. Wandruzka, *Léopold II…, op. cit.*, p. 348.

63：LMT 1 の中の９通の書簡。フェルディナント宛ての書簡は数百通現存する。レオポルトから母宛ての書簡はウィーンの国立文書館に保管されている。特に *AMI, Correspondance familiale A*, dossier 36/4 と *Recueils*, dossier 10-1.

64：1770、75、76、78 年。

65：ヨーゼフからレオポルト宛ての書簡、1772 年７月 20、23 日：MTJ 1, p. 376, 378.

66：メルシーからマリア・テレジア宛ての書簡、1778 年２月 18 日：É. Lever (éd.), *Marie-Antoinette. Correspondance…, op. cit.*, p. 311.

67：母の政治運営に対するヨーゼフの反抗については以下を参照：E. Badinter, *Le Pouvoir au féminin…, op. cit.*

68：ベランジェ代理大使からショワズール宛ての公用文書、1766 年７月 15 日：MAE, *CP Autriche*, vol. 305, f. 203-204.

69：1766 年８月 15 日：*ibid.*, f. 246-247.

70：*Ibid.*, f. 248-279.

71：レオポルト宛ての書簡、1771 年３月 14 日。ヨーゼフは、決断をめぐって対立する閣僚の板挟みになり何の手も打てない母を非難している。「事態が収拾しても、人々はさらにこれを変えようとします。（中略）何の進展もないことに、私は身を引き裂かれる思いです」。その２年後には「名声と栄光をあきらめねばなりません」とも書いている：（1773 年４月）MTJ 1, p. 333, MTJ 2, p. 5.

72：1771 年３月１日：K. de Lettenhove (éd.), *Lettres inédites…, op. cit.*, p. 23-27.

73：1771 年 10 月５日：MAE, *CP Autriche*, vol. 317 f. 172 v.

74：（1771 年 11 月）MTJ 1, vol. I, p. 350-351.

75：MAE, *CP Autriche*, vol. 322、７月 10 日（f. 19-21）、1773 年７月 24 日（f. 92 r）。大使を務めていたロアン枢機卿は「ヨーゼフの権威は日ごとに高まっています」「女帝はヨーゼフの性格に、何度も泣かされています」と書いている。ブルトゥイユ男爵はウィーン到着直後の 1775 年４月 19 日に、「最近軍事協定が成立し、女帝と皇帝はまたしても激しい口論になりました。（中略）憤怒に動揺する女帝を置いて、彼はさっさとクロアチアに出発しました」（vol. 326, fol. 63 v）と書いている。代理大使は 1777 年２月 16 日にも、「軋轢は今に至るまで尾を引いており（中略）、ここのところいつにもまして明らかです」とも書いている（vol. 331, f. 86 r）。

76：（1769 年９月）AMCE, *AMI, Archives personnelles de l'empereur François Ier*, dossier 23-6, f. 36-44.

77：当時マリア・テレジアは、ナポリで宰相タヌッチと水面下で対立していたカロリーナのことも不満だった。

78：クネーベルから女帝宛ての書簡、1769 年９月 23 日：AMCE, *AMI, Archives personnelles de l'empereur François Ier*, dossier 23-4, f. 189 r.

79：1769 年 11 月４日：*ibid.*; f. 114 v-115 v.

80：1770 年１月９日：*ibid*, f. 60 r-65 r.

81：1770 年３月 13 日：*ibid*, f. 11 v.

82：彼は 1772 年 4 月 15 日にパルマに到着し、5 月 5 日に暇乞いをしてから同地を去った。

83：アマーリアからローゼンベルク宛ての書簡（1772 年 4 月末）：*ibid.*, dossier 23-13, f. 113 r-v. デュ・ティロは 1771 年に辞職し、スペイン国王は 1772 年 4 月 23 日にリャノ侯爵を新宰相に指名して、パルマへ派遣した。

84：1772 年 4 月 29 日の書簡：*ibid*, f. 75 r.

85：ローゼンベルク宛ての書簡、（1772 年） 5 月 3 日：Klagenfurt, *Famille Orsini-Rosenberg*, dossier 76, fasc. 64/353 c. 傍点筆者。この言葉は打ち消されることになる。というのも、一か月も経たないうちにマリア・テレジアはローゼンベルクにアマーリアの近況をたずねているのだ。「ただし、彼女にはそうと気づかれないように」。1772 年 6 月 1 日の書簡：dossier 77, fasc. 65/355 a-2.

86：クリスティーナ宛ての書簡（1775 年 12 月末）：LMT 2, p. 378.

87：1774 年 4 月 27 日：Klagenfurt, *Famille Orsini-Rosenberg*, dossier 76, fasc. 64/353 a.

88：ローゼンベルク宛ての書簡、（1774 年） 6 月 28 日：*ibid.*, dossier 77, fasc. 65, 355 a-4.

89：フェルディナント宛ての書簡、（1774 年） 6 月 23 日：LMT 1, p. 282.

90：フェルディナント宛ての書簡、（1774 年） 4 月 28 日：*ibid.*, p. 273.

91：1775 年 4 - 12 月。

92：マリア・テレジア宛ての書簡、1775 年 5 月 15 日：AMCE, *AMI, Habsbourg-Este, Archives familiales d'Este*, dossier 34/4-8.

93：(1775 年 10 月 18 日) Klagenfurt, *Famille Orsini-Rosenberg*, dossier 78, fasc. 65/363 c.

94：フェルディナント宛ての書簡、（1776 年） 6 月 27 日：LMT 2, p. 32.

95：（1776 年） 9 月 5 日：*ibid.*, p. 45.

96：（1780 年） 7 月 15 日：*ibid.*, p. 282.

97：フェルディナント宛ての書簡、（1771 年） 11 月 28 日：LMT 1, p. 90. この一節は Arneth 版では削除されているが、AMCE, *AMI, Habsbourg-Este, Archives familiales d'Este*, dossier 24 には掲載されている。

98：日付なし（1771 年末）：LMT 1, p. 89.

99：1773 年 1 月 5 日：AMCE, *AMI, Habsbourg-Este, Archives familiales d'Este*, dossier 34/4-4.

100：1773 年 2 月 2 日：*ibid.*

101：1773 年 7 月 2 日：*ibid.*

102：（1772 年）5 月 22 日。6 月 1 日のフェルディナントの誕生日を祝う手紙：LMT 1, p. 125. のちにマリア・テレジアの予測は外れ、フェルディナントはミラノでは不愉快な人物として記憶され、レオポルトは 1778 年の個人的なメモで弟を手厳しく描写した。「彼はとても軟弱で、知性に欠け、大した才能もないのに、自己を過大評価している。（中略）大体において不愛想でけち。個性のかけらもなく、粗暴で不遜。（中略）不実で口ばかり達者で、何にでも首を突っ込みたがる。素行が悪く、彼を完全に支配している妻は、不名誉で不当な行為に走るまま放って

おいて、自分の有利になるようにと企んでいる。ミラノでは誰もが不満を抱いている」。以下を参照：A. Wandruszka, *Léopold II…, op. cit.*, vol. I, p. 353.「だが女帝は彼を溺愛している。女帝はずいぶんと不満を述べ、彼の欠点も知り尽くしているが、それでも息子を不憫に思い、あらゆることを語り、譲歩し、支えている。彼が望めば手に入らないものはない。女帝は彼の言うことなら何でも信じ、誰かが彼に異論を唱えようものなら、間違っているのはその人だということになる」*Ibid.*, p. 338.

103：（1772年）6月25日：LMT 1, p. 133.

104：（1772年）12月31日：*ibid.*, p. 173.

105：（1772年）7月30日：*ibid.*, p. 141.

106：（1772年）2月24日：*ibid.*, p. 184.

107：フェルディナントの21歳の誕生日に当たる（1775年）6月1日：*ibid.*, p. 329.

108：（1780年）2月24日：*ibid.*, p. 253.

109：1780年11月（24日）：AMCE, *AMI*, *Habsbourg-Este*, *Archives familiales d'Este*, dossier 34/4-13. 傍点筆者。

110：ゾフィー・フォン・エンツェンベルク宛ての書簡、1768年3月23日：J.-P. Lavandier (éd.), *Lettres inédites…, op. cit.*, p. 155.

111：*Ibid.*, p. 188,（1772年）4月25日.

112：（1775年12月末）LMT 2, p. 378.

113：Archives nationales de Hongrie (Budapest), *Recueil d'écrits divers*, P 299-I.6/a-A. I.14.

114：（1770年）MAE, *CP Autriche*, vol. 315, f. 38 v には「彼は優しく、柔らかな物腰で、とても親しみやすく（中略）、才能は中庸で、国事への影響もわずか」と書かれている。

115：Albert de Saxe-Teschen, *Mémoires de ma vie*, Bibliothèque de l'Albertina (Vienne), OLP 298, vol. V, p. 553.

116：プレスブルクは現在のスロヴァキア首都ブラティスラヴァ。ウィーンからは55km離れている。娘の結婚から数日後、マリア・テレジアは娘が「優しい夫と過ごせる」のは何よりだとして、「２年にもわたる私の多大な努力が実った」と満足げに語った。クリスティーナ宛ての書簡、（1766年）4月18日：LMT 2, p. 365.

117：1770年11月13日：MAE, *CP Autriche*, vol. 314, f. 259 v-260 v.

118：（1770-71年）MAE, *CP Autriche*, vol. 315, f. 38 v. デュランによれば、クリスティーナは「母の優しさを利用している。母はたびたびプレスブルクを訪れ、毎回大金を渡している。倹約家の皇帝〔ヨーゼフ２世〕は、これを非常に不満に思っている」

119：アルベルト・カジミール宛ての書簡、1766年4月18日。以下で引用：A. Wolf, *Marie-Christine…, op. cit.*, vol. I, p. 76.

120：*Ibid.*, p. 77.

121：クリスティーナ宛ての書簡、（1771年）10月4日：LMT 2, p. 372.

122：（1775年12月末）*ibid.*, p. 376, 381.
123：（1776年）4月8日：*ibid.*, p. 420.
124：（1776年）5月13日：*ibid.*, p. 436.
125：（1780年）4月7日：*ibid.*, p. 458.
126：（1780年）7月4日：*ibid.*, p. 467.

エピローグ

1：MTJ 2, p. 187.
2：1778年7月11日：*ibid.*, p. 333.
3：1778年7月15日：*ibid.*, p. 342. 傍点筆者。
4：1778年7月16日：*ibid.*, p. 345. 以下も参照：MAE, *CP Autriche*, vol. 336, f. 367 v-368 r, 29 juillet 1778.「皇帝は怒りに身を震わせました。（中略）彼は女帝に、私は陛下の臣下として従いはしますが（中略）、皇帝としてはこの交渉には一切加わらないと述べました」。さらに「彼は女帝に対し、きわめて厳しく屈辱的な見方を示しました」ともある。1778年8月31日：vol. 337, f. 88 r.
5：女帝がラシーに宛てて書いた1772年8月18日の書簡には、「息子には手を焼きますが、愛しています」とある。以下を参照：A. von Arneth, *Histoire de Marie-Thérèse*, vol. IX, Vienne, 1879, p. 621, note 823.
6：4か月間不在だったヨーゼフは、1780年8月20日に帰国した。ウィーンに戻った彼は、しきりにエカチェリーナ2世を賞賛し、最上の君主と語った。
7：マリア･テレジアは11月29日午後11時に他界した。MAE, *CP Autriche*, vol. 341, f. 357 r.
8：マリア・テレジアは3億6300万フローリンの負債を残した。
9：1781年1月6日：MAE, *CP Autriche*, vol. 342, f. 3 v. 姉妹は4月にウィーンを後にした。
10：1781年2月11日：*ibid.*, f. 70 r-v. バート・メルゲントハイムはバーデン＝ヴュルテンベルク州の町。ドイツ騎士団総長の邸宅があった。
11：1781年7月14日：*ibid.*, vol. 343, f. 65 v. フランス代理公使は、マクシミリアンは皇帝をひどく不満に思い、反発していると伝えている。
12：1781年5月3日：*ibid.*, vol. 341, f. 288 r.
13：1671年6月16日：*ibid.*, vol. 343, f. 21 v-22 r.
14：特にヨーゼフ2世の改革により引き起こされた1789年のブラバント革命時の対応。
15：（1771-77年）MAE, *CP Autriche*, vol. 326, f. 6 r.
16：ただし妻に妊娠の兆しが見えたため、出発は延期になった。
17：1778年12月24日：MAE, *CP Autriche*, vol. 336, f. 434 r-v.
18：フランツは父レオポルトの没後、1792年から1804年まで神聖ローマ皇帝フランツ2世として、1835年までオーストリア皇帝フランツ1世として統治した。
19：A. Wandruszka, *Léopold II…*, *op. cit.*, vol. I, p. 343.
20：*Ibid.*, p. 347.

21：*Ibid.*

22：*Ibid.*

23：1768年4月17日の書簡：AMCE, *Fonds particuliers, Legs comte Egon Caesar Corti*, dossier 1 pour le livre *Moi, une fille de Marie Thérèse. Un portrait de la reine Marie-Caroline de Naples*.

24：カロリーナ宛ての書簡、1768年11月7日：*ibid.*

25：1784年1月20日の書簡：*ibid.* ヨーゼフはカロリーナと19日間過ごした。

26：Naples, *Carteggio Borbonico Germania*, boîtes 96, 97. ここにはカロリーナが女帝の死後、1781年から84年にかけて兄弟姉妹から受け取った手紙の一覧が保管されている。一覧はカロリーナ自身が作成したのもので、クリスティーナからの書簡は99通、マリアンナからの書簡は95通に上る。

27：A. Wandruszka, *Léopold II…, op. cit.*, vol. I, p. 351.

28：*Ibid.*

29：（1780年）8月15日、以下を参照：A. von Arneth et M. A. Geffroy (éd.), *Marie-Antoinette. Correspondance secrète…, op. cit.*, vol. III, p. 458.

30：メルシーからヨーゼフ2世宛ての書簡、パリ、1786年8月20日：A. von Arneth et J. Flammermont, in *Correspondance secrète du comte Mercy-Argenteau avec l'empereur Joseph II et le prince de Kaunitz*, Paris, 1891, t. II, p. 39-40. アントーニアがメルシーに宛てた日付のない短信は、二人の姉妹の間の空気をよく表している。「義兄は月曜日に国王と狩りをなさいます。私にとって月曜日は自分の用事のための日なので、一人でいたいのです。姉が私を呼び出さないように、可能でしたらこのことを明確に伝えてください。呼び出されたりなどすれば、大変な迷惑ですから」*ibid.*, p. 40, note 1.

31：A. Wandruszka, *Léopold II…, op. cit.*, vol. I, p. 336.

32：レオポルディーナから妹エレオノーレ・フォン・リヒテンシュタイン宛ての書簡、ウィーン、1778年10月31日：Židenice, *Archives Lobkowitz*, P 16-17/23-24.

33：A. Wandruszka, *Léopold II…, op. cit.*, vol. I, p. 350.

34：*Ibid.*, p. 351.

35：クリスティーナには子どもができず、レオポルトの優秀な息子カール・ルードヴィヒを後継ぎに迎えた。カールは優れた軍人として名を成し、オーストリア軍を改革した。

36：マクシミリアン宛ての書簡（1774年4月）：LMT 2, p. 317.

出典

ドイツ

アンベルク：

Archives d'État d'Amberg [Staatsarchiv Amberg] - アンベルク国立文書館

Archives du château de Köfering [*Schloßarchiv Köfering*] : 294, 295, 652, 653, 655

ベルリン：

Archives d'État secrètes de Prusse [Geheimes Staatsarchiv Preußischer Kulturbesitz] - プロイセン国立秘密文書館

I. HA Rep. 81 Légation de Vienne I [*Gesandtschaft Wien*] : 39

ドレスデン：

Archives d'État de Dresde [Sächsisches Hauptstaatsarchiv Dresden] - ドレスデン国立文書館

10026, *Cabinet secret* [*Geheimes Kabinett*] : Loc. 741/1, 741/2, 2913/2

12528, *Collection de la princesse Maria Antonia* [*Fürstennachlass Maria Antonia*] : 9

ミュンヘン：

Archives bavaroises d'État [Bayerisches Hauptstaatsarchiv] - バイエルン国立文書館

Légation de Vienne [*Gesandtschaft Wien*] : 26

オーストリア

クラーゲンフルト：

Archives de la province de Carinthie [Kärntner Landesarchiv] - ケルンテン州立文書館

Archives privées de la famille Goëss [*Privatarchiv Familie Goëss*] : C 190

Famille Orsini-Rosenberg : 75, fasc. 64/351 b et g ; 76, fasc. 64/353 a et c ; 77, fasc. 65/355 a-1, a-2, a-3, a-4 ; 78, fasc. 65, 359, 362, et 363 c ; 86, fasc. 71/379-1

Archives du couvent des élisabéthaines [Archiv des Elisabethinenklosters] - エリーザベト修道院文書館

Collection de l'archiduchesse Marie-Anne [*Nachlass der Erzherzogin Maria Anna*] : fasc. III/1-3

リンツ：

Archives de la province de Haute-Autriche [Oberösterreichisches Landesarchiv] - オーバーエスターライヒ州立文書館

Archives de la seigneurie de Schwertberg [*Herrschaftsarchiv Schwertberg*] : 168
Archives de la seigneurie de Weinberg [*Herrschaftsarchiv Weinberg*] : 1239

ウィーン：
Albertina (Bibliothèque du Musée)- アルベルティーナ（美術館付属図書館）
Albert de Saxe-Teschen, Mémoires de ma vie : OLP 298
Archives nationales autrichiennes [Österreichisches Staatsarchiv] (ANA) - オーストリア国立文書館
Archives de la Maison impériale, de la Cour et de l'État [Haus-, Hof- und Staatsarchiv] (AMCE) - 帝室、宮廷、政府文書館
Archives de la Cour [*Hofarchive*]
Administration du grand chambellan, Département des cérémonies de la cour, Série spéciale [*Obersthofmeisteramt, Hofzeremoniel-departement, Sonderreihe*] : 44
Archives de la Maison impériale [*Hausarchiv*] (*AMI)*
Archives personnelles de l'empereur François Ier [*Handarchiv Kaiser Franz I.*] : 23
Correspondance familiale A [*Familienkorrespondenz A*] : 36
Dossiers familiaux [*Familienakten*] : 54, 55
Recueils [*Sammelbände*] : 10
Archives du Cabinet [*Kabinettsarchiv*]
Chancellerie du cabinet [*Kabinettskanzlei*], *Collection* [*Nachlass*] *Nenny* : 2
Division des États [*Staatenabteilungen*] : *France, Varia* : 39
Division des Provinces [*Länderabteilungen*] (*DP*), *Belgique*
DD-B blau : 1-2, 3-4, 5
Fonds particuliers [*Sonderbestände*]
Khevenhüller/Riegersburg, série chronologique [*Chronologische Reihe*] : 48, 149, 163, 165
Legs [Nachlass] Egon Caesar Conte Corti
Moi, une fille de Marie-Thérèse. Un portrait de la reine Marie-Caroline de Naples [Ich, eine Tochter Maria Theresias. Ein Lebensbild der Königin Marie Caroline von Neapel] : 1
Habsbourg-Este
Archives familiales d'Este [*Estensiches Familienarchiv*], *documents et correspondance personnels* [*Persönliche Dokumente und Korrespondenz*] : 24, 34
Archives générales de l'administration [Allgemeines Verwaltungsarchiv] - 行政文書館
Archives familiales Trauttmansdorff [*Familienarchiv Trauttmansdorff*] : 125

Bibliothèque nationale autrichienne [Österreichische Nationalbibliothek] - オーストリア国立図書館
Autographe : 1120/70-6, 1120/71-5, 1120/72-3

フランス

ラ・クールヌーヴ：

Archives du ministère des Affaires étrangères (MAE) - 外務省文書館

Correspondance politique (*CP*)

Autriche : vol. 22 (supplément), 242, 256 bis, 257, 264, 265, 266, 275, 277, 278, 281, 282, 286, 292, 296, 305, 308, 310, 312, 314, 315, 317, 318, 322, 326, 336, 337, 341, 342, 343

Bavière : vol. 154

Naples : vol. 58, 75

Sardaigne : vol. 224

パリ：

Bibliothèque nationale de France - フランス国立図書館

Papiers Graffigny, n.a.f. 15579

オランダ

アーネム：

Archives de la province de Gueldre [Gelders Archief] - ヘルダーラント州立文書館

0613, *Famille Bentinck/Aldenburg Bentinck* : 629, 630, 631, 632, 633, 635, 637, 641, 642, 644, 645, 647, 648, 650, 651, 653, 2172

ハンガリー

ブダペスト：

Archives nationales hongroises [Magyar Országos Levéltár] - ハンガリー国立文書館

Recueil d'écrits divers [*Vegyes Iratok*] : P 299-I.6/a-A.I.14

イタリア

パルマ：

Archives d'État de Parme [Archivio di Stato di Parma] - パルマ国立文書館

Carteggio Borbonico Estero : 50

Carteggio Borbonico Germania : 96, 97, 99

トリノ：

Archives d'État de Turin [Archivio di Stato di Torino] - トリノ国立文書館

Documents en relations avec l'étranger, Lettres des ministres, Autriche [*Materiale per rapporto all'estero – Lettere Ministri Austria*] : 89

チェコ

ブルノ：

Archives régionales de Moravie [Moravský zemský archivu v Brně] - モラビア地方文書館

Archives familiales Salm-Reifferscheid [*Rodinný Archiv Salm-Reifferscheid*] G 150 : 27, 148
Archives familiales Tarouca [*Rodinný Archiv Sylva-Tarouccu*] *G 445 : 12, 82 23-A-1 ; 14, 86 23-B-3 ; 16, 89 23-C-2*

リトミエルジツェ：
Archives d'État de Litoměřice [Státní oblastní archiv v Litoměřich] (Židenice) - リトミエルジツェ国立文書館（ジデニツェ分館）
Archives Lobkowitz（原注１）: *P 16/19 ; P 16/21 ; P 16-17/23-24*

プラハ：
Archives nationales [Národní archiv] - 国立文書館
RAM-Acta Clementina 11 : 1/20, 1/21, 2/23

１：これらの文書は、現在ロプコヴィッツ家が所有するチェコのネラホゼヴェス城（Nehalozeves）に保管されている。

参考文献

ARNETH (Alfred VON) [dir.], *Histoire de Marie-Thérèse* [*Geschichte Maria Theresias*], Vienne, Wilhelm Braumüller, 1863-1879, 10 vol.

——, *Lettres de l'impératrice Marie-Thérèse à ses enfants et amis* [*Briefe der Kaiserin Maria Theresia an ihre Kinder und Freunde*], Vienne, Wilhelm

——, *Marie-Thérèse et Joseph II. Leur correspondance, y compris les lettres de Joseph à son frère Léopold* [*Maria Theresia und Joseph II. Ihre Korrespondenz samt Briefen Josephs an seinen Bruder Leopold*], Vienne, Carl Gerold's Sohn, 1867-1868, 3 vol.

——, *Marie-Thérèse et Marie-Antoinette. Leur correspondance* [*Maria Theresia und Marie Antoinette. Ihr Briefwechsel*], 2de édition, Leipzig, K. F. Köhler, 1866.

ARNETH (Alfred VON) et FLAMMERMONT (Jules) [éd.], *Correspondance secrète du comte Mercy-Argenteau avec l'empereur Joseph II et le prince de Kaunitz*, Paris, Imprimerie nationale, 1889-1891, 2 vol.

ARNETH (Alfred VON) et GEFFROY (Mathieu Auguste) [éd.], *Marie-Antoinette. Correspondance secrète entre Marie-Thérèse et le comte de Mercy-Argenteau avec les lettres de Marie-Thérèse et de Marie-Antoinette*, Paris, Librairie de Firmin Didot Frères, 1874, 3 vol.

BADINTER (Elisabeth), *Le Pouvoir au féminin. Marie-Thérèse d'Autriche, 1717-1780. L'impératrice-reine*, Paris, Flammarion, 2016.

——, *L'Infant de Parme*, Paris, Fayard, 2004.

—— [éd.], *Isabelle de Bourbon-Parme. « Je meurs d'amour pour toi... » Lettres à l'archiduchesse Marie-Christine, 1760-1763*, Paris, Tallandier, 2008.

BEALES (Derek), *Joseph II*, vol. 1, *In the Shadow of Maria Theresa, 1741-1780*, Cambridge, Cambridge University Press, 1987.

BEER (Adolf) [dir.], *Joseph II, Léopold II et Kaunitz. Leur correspondance* [*Joseph II., Leopold II. und Kaunitz. Ihr Briefwechsel*], Vienne, Wilhelm Braumüller, 1873.

BICCHIERI (Emilio) [dir.], « Lettere Famigliari dell'Imperatore Giuseppe II a Don Filippo e Don Ferdinando (1760- 1767) », *Atti et Memorie delle R.R. Deputazioni di Storia Patria per le Province Modenesi e Parmensi*, Modène, G. T. Vincenzi e nipoti, 1868, vol. 4.

CERMANN (Ivo), *La Noblesse habsbourgeoise et le siècle des Lumières. L'attitude éducative de la noblesse de la cour viennoise au XVIIIe siècle* [*Habsburgischer Adel und Aufklärung. Bildungsverhalten des Wiener Hofadels im 18. Jahrhundert*], Stuttgart, Franz Steiner, 2010.

CORTEQUISSE (Bruno DE), *Mesdames de France. Les filles de Louis XV*, Paris, Perrin, 1990.

COURBET (André), *Correspondance de Valentin Jamerey-Duval, Bibliothécaire des Ducs de Lorraine*, Honoré Champion, Paris, 2011-2019, 4 vol.

DAINARD (J. A.) [dir.], *Correspondance de Mme de Graffigny*, Oxford, University of Oxford,

Voltaire Foundation, 1985- 2016, 15 vol.

GALAND (Michèle) [dir.], *Journal secret de Charles de Lorraine, 1766-1779*, Bruxelles, M. Hayez, 2000.

INNERKOFLER (Adolf), *Une grande fille de Marie-Thérèse : l'archiduchesse Marianne dans son oeuvre majeure, le monastère élisabéthain à* Klagenfurt *; jubilé pour célébrer le 200ᵉ anniversaire du couvent élisabéthain* [*Eine große Tochter Maria Theresias : Erzherzogin Marianna in ihrem Hauptmonument, dem Élisabethinen-Kloster zu* Klagenfurt *; Jubelgabe zur Feier des 200-jährigen Bestehens vom Elisabethinen-Konvent*], Innsbruck, Verlag der Vereinsbuchhandlung, 1910.

KARAJAN (Theodor Georg VON), *Marie-Thérèse et le comte Sylva- Tarouca. Une conférence donnée à la séance solennelle de l'Académie impériale des sciences le 30 mai 1859* [*Maria Theresia und Graf Sylva-Tarouca. Ein Vortrag gehalten in der feierlichen Sitzung der kaiserlichen Akademie der Wissenschaften am 30. Mai 1859*], Vienne, K.K. Hof- und Staatsdruckerei, 1859.

KHEVENHÜLLER-METSCH (Johann Josef), *Au temps de Marie- Thérèse. Journal du prince Johann Josef Khevenhüller-Metsch, grand chambellan de la Cour* [*Aus der Zeit Maria Theresias. Tagebuch des Fürsten Johann Josef Khevenhüller-Metsch, kaiserlichen Obersthofmeisters*], Vienne, Adolf Holzhausen, 1907- 1982, 8 vol.

KÖLVING (Ulla) et BROWN (Andrew) [dir.], *La Correspondance d'Émilie du Châtelet*, Centre international d'étude du XVIIIᵉ siècle Ferney-Voltaire, Paris, Almavire, 2018, 2 vol.

KUBISKA-SCHARL (Irene) et PÖLZL (Michael) [dir.], *Les Carrières du personnel à la cour de Vienne, 1711-1765. Une description fondée sur les calendriers et les protocoles de la Cour* [*Die Karrieren des Wiener Hofpersonals, 1711-1765 : eine Darstellung anhand der Hofkalender und Hofparteienprotokolle*], Innsbruck, Studien, 2013.

——, *La Lutte pour les réformes. La cour de Vienne et son personnel en mutation (1766-1792)* [*Das Ringen um Reformen : der Wiener Hof und sein Personal im Wandel (1766-1792)*], *Mitteilungen des österreichischen Staatsarchivs*, Innsbruck, Studien, 2018, vol. 60.

LAVANDIER (Jean-Pierre) [dir.], *Lettres de l'impératrice Marie- Thérèse à Sophie d'Enzenberg (1746-1780). « Le soleil me paraît noir »*, Paris, Honoré Champion, 2019.

LETTENHOVE (Joseph Kervyn DE) [dir.], « Lettres inédites de Marie-Thérèse et de Joseph II », *Mémoires couronnés et autres mémoires*, Bruxelles, M. Hayez, 1868, t. XX.

LEVER (Évelyne), *Marie-Antoinette. Correspondance (1770- 1793)*, Paris, Tallandier, 2005.

LIPPERT (Woldemar) (éd.), *L'impératrice Marie-Thérèse et l'électrice Maria Antonia de Saxe. Correspondance, 1747-1772* [*Kaiserin Maria Theresia und Kurfürstin Maria Antonia von Sachsen, Briefwechsel 1747-1772*], Leipzig, B. G. Teubner, 1908.

MASNOVO (Omero), « La Corte di Don Filippo di Borbone nelle « relazioni segrete » di due ministri di Maria Teresa », *Archivio Storico delle province Parmensi*, Parme, Presso la R. deputazione di Storia Patria, 1914, série II, XIV.

MONTAIGNE (Michel DE), *Œuvres complètes*, Paris, Gallimard, « Bibliothèque de la Pléiade », 1962.〔『モンテーニュ全集』全9巻、関根秀雄訳、白水社、1982年他〕

RHYN (René VAN) [éd.], « Lettres inédites de l'impératrice Marie-Thérèse » [« Unveröffentlichte Briefe der Kaiserin Maria Theresia »], *Österreichische Rundschau*,

1912, Vienne, K.u.K. Hofdruckerei und Hofverlagsbuchhandlung Carl Fromme, vol. 33.
SAINT-PRIEST (Alexis DE), *Études diplomatiques et littéraires*, Paris, Amyot, 1850, t. II.
WANDRUSZKA (Adam), *Léopold II. Archiduc d'Autriche, grandduc de Toscane, roi de Hongrie et de Bohème, empereur* [*Leopold II. : Erzherzog von Österreich, Großherzog von Toskana, König von Ungarn und Böhmen, Römischer Kaiser*], Vienne, Herold, 1963-1965, 2 vol.
WOLF (Adam), *La Vie de la Cour à l'époque de Marie-Thérèse, d'après les Mémoires du prince Josef Khevenhüller* [*Aus dem Hofleben Maria Theresias, nach den Memoiren des Fürsten Josef Khevenhüller*], Vienne, 2de édition, Carl's Gerold Sohn, 1859.
——, *Marie-Christine, archiduchesse d'Autriche, gouvernante des Pays-Bas*, Bruxelles, Imprimerie Bauvais, 1881, 2 vol.
——, *Tableau de la cour de Vienne en 1746, 1747, 1748. (Relations diplomatiques du comte de Podewils, ministre plénipotentiaire, au Roi de Prusse Frédéric II)*, Sitzungen der kaiserlichen Berichte der Wissenschaften. Philosophisch-historische Classe, Vienne, Wilhelm Braumüller, 1850, vol. 5.

本書で言及されている資料

グラフィニー夫人『ペルー娘の手紙』:『フランス女性の世紀』植田祐次編、世界思想社、2008 年所収

その他の参考文献

江村洋『ハプスブルク家』講談社、1990 年
『マリー・アントワネットとマリア・テレジア 秘密の往復書簡』パウル・クリストフ編、藤川芳朗訳、岩波書店、2002 年